rwm_edition

Martin Patzek

Dich, Gott loben Raum und Zeit

Meditationen zu Liedern mit begleitenden Bildern von Egon Stratmann

rwm_edition

Martin Patzek: Dich, Gott loben Raum und Zeit. Meditationen zu Liedern
mit begleitenden Bildern von Egon Stratmann
Gelsenkirchen: RW Media 2017 (rwm_edition)
ISBN 978-3-9818646-2-5

Druck: Hitzegrad Print Medien & Service GmbH

Inhalt

Gebrauchsanweisung des Autors

Was haben Lieder aus dem »Gotteslob« mit meinem Leben und meinem Christsein zu tun? Hilft mir das »Katholische Gebet- und Gesangbuch‹ in meiner freiwilligen oder beruflichen Arbeit in einer Pfarrei mit ihren Gemeinden? Gibt es Bezüge zu Verbänden, Diensten und Einrichtungen caritativer Diakonie?

Diese Liedbeschreibungen sind als »Lied des Monats« über mehrere Jahre in der unabhängigen katholischen Wochenzeitung »Neues Ruhr-Wort« erschienen. Hier orientieren sie sich an der Reihenfolge im »Gotteslob«. Ausgewählt wurden Lieder zu Sonn- und Alltag und zu den Festzeiten Advent, Weihnachten, Ostern und Pfingsten. Unser Leben in Gott, in der Welt und in der Kirche nimmt Schöpfung und Geschöpf in den Blick.

Frühere und viele heutige Dichter und Komponisten lassen uns die Geistesgegenwart Gottes spüren. Sie nehmen uns mit in ihre Lebenswelt. Dort umfassen Gottes Wort und die Feier der Sakramente den Dienst der Liebe. Dadurch führt die caritative Diakonie zur Verkündigung und zur Feier der Sakramente.

Die gefeierte Vergangenheit im »Gotteslob« verweist nach vorn. Gutes zu tun ist die Signatur für praktisches Christentum. Wie Jesus Christus Worte singen im Lied, die Wahrheit, Licht und Hilfe für andere sind. Unser Leben gelingt: Halle-, Halleluja, wir werden aufersteh'n.

Martin Patzek

Hinweis des Künstlers

Begleitende Bilder zu den Texten sind dem Zyklus »Bilder zu Psalmtexten an Sonn- und Feiertagen eines Kirchenjahres« entnommen. Sie entstanden jeweils an diesen Tagen spontan und geben die Empfindungen beim Lesen der Worte des Psalmisten wieder. Es sind teils Farbempfindungen in freien Verläufen, aber auch konkretere Formen entstanden. Die Auslese der Bilder folgte den Worten des Liedes aus dem Gotteslob sowie der meditativen dazugehörenden Betrachtung. Ergänzend dazu wurden einige Bildinhalte auf den Liedtext direkt bezogen.

Zwei Bilder geben Szenen aus Glasfenstern wieder, einmal den Sonnengesang des heiligen Franziskus in der Fensterrose der Kirche St. Konrad in Duisburg-Fahrn und die Mariendarstellung. Diese ist angelehnt an das verehrte und beliebte Bild der Immerwährenden Hilfe, hier dargestellt im Frauenfenster der Kirche St. Clemens in Dortmund-Hombruch.

Egon Stratmann

Reihenfolge

82 Behutsam leise nimmst du fort
103 Dieser Tag ist Christus eigen
146 Du rufst uns, Herr an deinen Tisch
188 Nimm, o Gott, die Gaben, die wir bringen
210 Das Weizenkorn muss sterben
221 Kündet allen in der Not
225 Wir ziehen vor die Tore der Stadt
233 O Herr, wenn du kommst, wird die Welt wieder neu
259 Gottes Stern, leuchte uns
261 Stern über Bethlehem, zeig uns den Weg
273 O Herr, nimm unsre Schuld
274 Und suchst du meine Sünde
291 Holz auf Jesu Schulter
322 Halleluja … Ihr Christen singet hocherfreut
325 Bleibe bei uns, du Wanderer durch die Zeit
346 Atme in uns, Heilger Geist
363 Herr, nimm auch uns zum Tabor mit
366 Jesus Christus, guter Hirte
370 Christus, du Herrscher Himmels und der Erde
378 Brot, das die Hoffnung nährt
428 Herr, dir ist nichts verborgen
448 Herr, gib uns Mut zum Hören
456 Herr, du bist mein Leben, Herr Du bist mein Weg
457 Suchen und fragen, hoffen und sehn
462 Tanzen, ja tanzen wollen wir
465 Das Jahr steht auf der Höhe
466 Herr, dich loben die Geschöpfe
470 Wenn das Brot, das wir teilen
477 Gott ruft sein Volk zusammen
490 Segne dieses Kind und hilf uns, ihm zu helfen
500 Nun lässest du, o Herr
508 Herr, lehre uns, dass wir sterben müssen
528 Ein Bote kommt, der Heil verheißt
535 Segne du, Maria, segne mich, dein Kind
539 Gott, aller Schöpfung heilger Herr

549 Es wird sein in den letzten Tagen
552 Herr, mach uns stark im Mut, der dich bekennt
638 Nun ist sie da, die rechte Zeit

Lieder im Evangelischen Gesangbuch

(mit landeskirchlichem Liederteil Rheinland Westfalen)

Gl 261 = EG 559 Stern über Bethlehem, zeig uns den Weg
273 = 235 O Herr, nimm unsre Schuld
274 = 237 Und suchst du meine Sünde
291 = 291 Holz auf Jesu Schulter
448 = 605 Herr, gib uns Mut zum Hören
470 = 667 Wenn das Brot, das wir teilen
500 = 695 Nun lässest du, o Herr
508 = 534 Herr, lehre uns, dass wir sterben müssen
549 = 426 Es wird sein in den letzten Tagen
552 = 154 Herr, mach uns stark im Mut, der dich bekennt

Morgen

82 Behutsam leise nimmst du fort

Text: Raymund Weber 2004
Melodie: Christoph Seeger 2004

Behutsam leise

Als Morgengebet zu singen und damit als Lobpreis auf Gottes Schöpfung (Osternacht) ist unser Lied des Monats der Blick auf das tägliche Schauspiel: Die Nacht weicht dem Licht eines neuen Tages: »Behutsam leise nimmst du fort die Dämmrung von der Erde, sprichst jeden Morgen neu dein Wort: Es werde, es werde.« Der Theologe und Germanist Raymund Weber (*1939 in Langenberg/Rheinland) meditiert den Kehrvers: »Es beginnt mit leisen Tönen, wie die Dämmerung unmerklich, aber stetig mehr aus der Dunkelheit das Licht des neuen Tages aufscheinen lässt.« Der hier angesprochene biblische Befund ist mehr als Naturwissenschaft, nämlich eine religiöse Aussage über Gott und die Welt. Jeden Morgen neu pulsiert das Leben des neuen Tages: »Es werde Licht an diesem Morgen, in dem das Alte neu erstrahlt, erscheinen wird, was noch verborgen, in Farben bunt das Leben malt. Es werde Licht für die Menschen in jedem Land. Halt über uns deine segnende Hand.« Licht und Glück, Kraft und Trost will Gott für uns Menschen sein – so singen wir in den einzelnen Strophen und enden jeweils in der Bitte: »für die Menschen in jedem Land. Halt über uns deine segnende Hand.«

Morgen, Tag, Augenblicke und lange Stunden

Dunkel ist nicht nur die Nacht, unsere Bitten erstrecken sich auf die in unterschiedlichen Facetten erlebte Zeit am Morgen, den Tag über vom kurzen Augenblick bis hin zu langen Stunden: »Es werde Kraft an diesem Tage und Mut zum Wirken in der Welt und Sinn in jeder neuen Frage, die heute uns zur Rede stellt. Es werde Kraft… Es werde Glück in Augenblicken für alle, die voll Sehnsucht sind. Du wirst einen Engel schicken, den Hauch von deines Geistes Wind. Es werde Glück für die Menschen in jedem Land. Halt über uns deine segnende Hand.« (Pfingsten) Wir brauchen mehr Bewusstsein, gesegnet zu sein, um dann selber zu segnen. Biblische Segensworte verbinden die christlichen Konfessionen und verweisen auf die Lebensgemeinschaft christlicher Kirchen mit dem jüdischen Volk. Jedenfalls geht es im christlichen Bereich um den Segen Gottes in Jesus Christus, in seinem Tod und in seiner Auferstehung. Damit ist Segnen nicht Magie, legitimiert auch nicht Herrschaft und erst recht nicht Waffen und Krieg, sondern bejaht unser natürliches Dasein als Fürsorge Gottes für seine Geschöpfe.»

Ganz bei Trost

Raymund Weber, unser Dichter, gehört der Kölner Gruppe »Singles« (= Singen internationaler Neuer Geistlicher Lieder. Ein Serviceangebot) an. Mit Wolfgang Bretschneider, Peter Deckert, Johannes Fromm, Heinz Martin Longuich publizierte er das »Singles Liedblatt«. Später kamen auch unser Komponist Christoph Seeger, Gregor Linßen und Thomas Quast hinzu. Der studierte Kirchenmusiker (Folkwang Essen) ist seit 1991 an der Kirchengemeinde Heilige Familie in Düsseldorf Stockum mit mehreren Kammerchören tätig und Fachvertreter für das Neue Geistliche Lied im ACV-Köln. Der Blick auf »Mann und Frau, Greis und Kind« – gebunden »an Krankheit, Angst und Not« lässt uns ganz bei Trost sein, ausgedrückt durch die Triole auf ›Menschen in jedem Land‹ und die Synkopen auf ›segnende Hand‹: »Es werde Trost in langen Stunden für alle, die gefesselt sind, an Krankheit, Angst und Not gebunden, für Mann und Frau, für Greis und Kind. Es werde Trost für die Menschen in jedem Land. Halt über uns deine segnende Hand.«

Sonntag

103 Dieser Tag ist Christus eigen

Text: Peter Gerloff (2003) 2004
Melodie: Gilbert König um 1939

Sonntag

Zum Gotteslob gehören Psalmen, Gesänge und Litaneien. Es geht um den Tag, die Woche, das Jahr und das ganze Leben. So jedenfalls ist die Aufteilung im Gebet- und Gesangbuch. Die Woche beginnt mit dem Sonntag. Der Priester und Autor sehr vieler Liedtexte Peter Gerloff (*1957 in Münster) dichtet: »Dieser Tag ist Christus eigen, und das erste Morgenlicht will von seinem Leben zeugen, das die Todesnacht durchbricht.« Der Blick auf den ersten Wochentag zeigt die Schöpfung Gottes, die Auferweckung Jesu Christi und die Geistsendung beider. Ostern geht weiter. Der nachösterliche Ernstfall schafft die ernsten christlichen Gemeinden. Auch wir möchten gerne Jesus, den Auferstandenen sehen. Gerne singen wir mit Peter Gerloff, der die Traditionen der beiden großen christlichen Konfessionen durch die eigene Konversion miteinander verbindet: »Wenn wir sein Gedächtnis feiern, Untergang und Auferstehn, wird sich unsre Zeit erneuern, wird er menschlich mit uns gehen.« Die wichtigsten Merkmale sind immer noch die Zeichen, die Jesus Christus uns selbst gab: Sein Wort, die Taufe, Sündenvergebung, die Eucharistie und die Erfahrung seines Geistes.

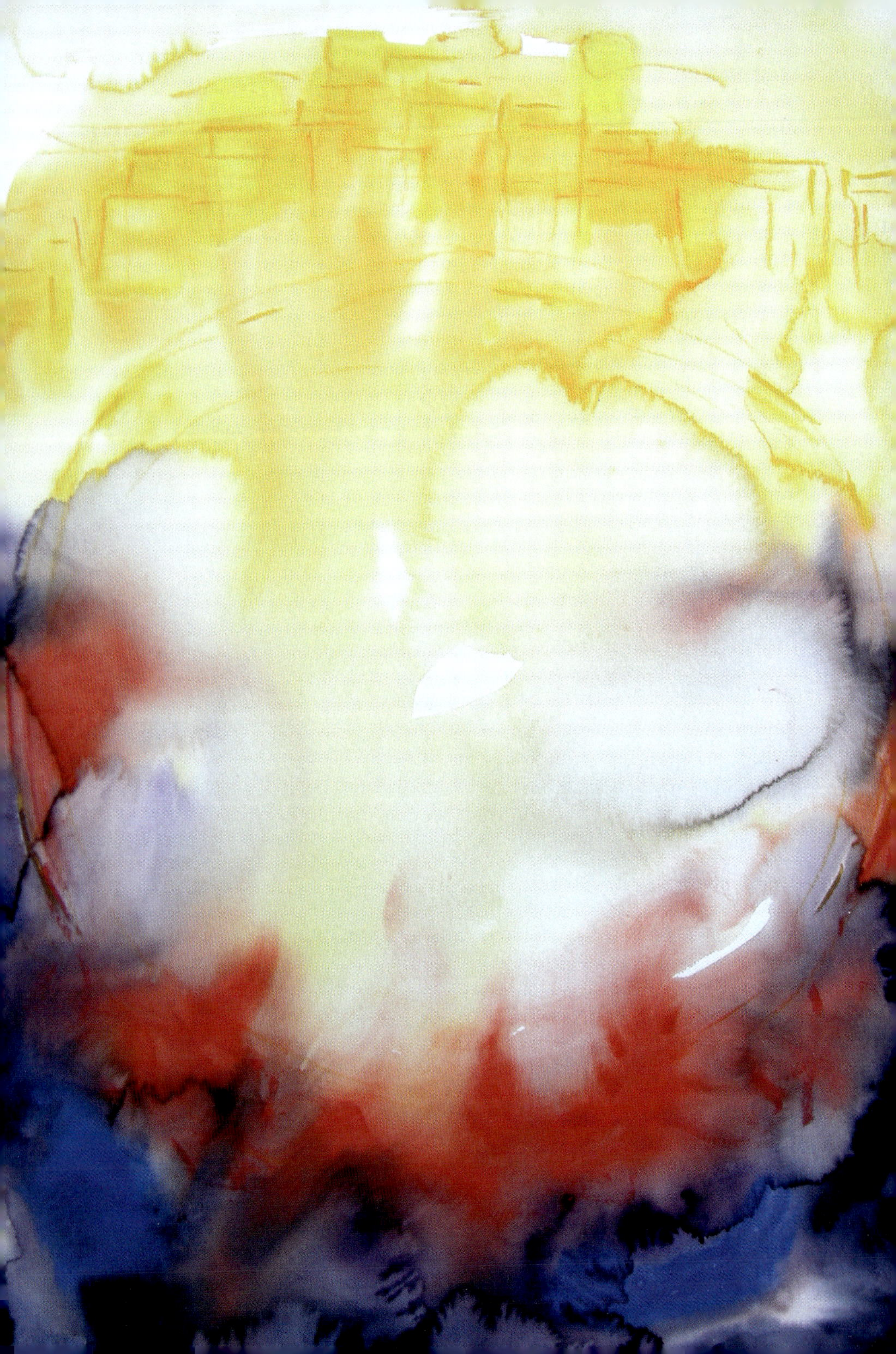

Ein Lied für andere

Der Benediktiner und Kirchenmusiker Gilbert König (*1909 in Oberglogau/Schlesien + 1977 in Bad Wimpfen) hat als Mönch im Kloster Grüssau das Marienlied »Sei gegrüßt, du Gnadenreiche« mit dem Text von Georg Thurmair vertont. Erst 1949 aus russischer Kriegsgefangenschaft entlassen, war Gilbert König Pfarrer in Bad Wimpfen und Organist und Kantor der Abtei Wimpfen im Tal. Das Lied ist eine Art Hymne im 6/4-Takt und hat Trochäen als Versmass. Der Trochäus, manchmal auch Choreus, »zum Tanz gehörig« genannt, ist ein aus zwei Verselementen bestehender Versfuß, bei dem Longum (lang/schwer) ein Breve (kurz/leicht) folgt. Mit wechselnder Tonhöhe beginnen die einzelnen Zeilen jeweils in F-Dur und enden ruhig in der letzten Zeile auf dem Grundton: »Segne, Herr, den Tag der Tage, dass die Welt dein Kommen spürt. Löse Mühsal, Streit und Plage, dass für alle Sonntag wird.«

Ruhe

»Kommt alle zu mir, die ihr euch plagt und schwere Lasten zu tragen habt, ich werde euch Ruhe verschaffen (Mt 11,28).« Auch das gehört zu unserer sonntäglichen Feier: Ausruhen, still werden, Atem holen, Mut fassen. Eine Christin spürt: »Es ist mir unbegreiflich, egal in welcher Stimmung und Verfassung ich zum Gottesdienst komme, müde, abgespannt, hektisch, oberflächlich, frustriert. Jedes Mal und völlig ohne mein Dazutun bin ich hinterher ruhig, zuversichtlich, beschämt und glücklich.« Jesus fügt hinzu: …so werdet ihr Ruhe finden für eure Seele (11,29).« Ich möchte Zeit haben für neue und alte Begegnungen als modernes Zeichen von Liebe. Auch von dort ist ein Neu-Beginn, eine »Reise in unser eigenes Leben« möglich. Wir erfahren Freude, feiern Feste, die »keinen Zweck« haben und wenig kosten. So spüren wir ein bisschen von dem Glück, das uns bei Gott erwartet. . Das feiern heißt, unser Leben feiern, Ihn bei den Lebenden suchen. Es geht um Begegnung und Hilfe, Verständnis und Freundschaft. Wir dürfen ein Lied für andere sein. Unser Leben gelingt: Halle-, Halleluja, wir werden aufersteh'n… »Segne, Herr, den Tag der Tage, dass die Welt dein Kommen spürt. Löse Mühsal, Streit und Plage, dass für alle Sonntag wird.«

Messgesänge
Gesänge zur Eröffnung

146 Du rufst uns, Herr, an deinen Tisch

Text: Johannes Jourdan 1969
Melodie: Andreas Lehmann 1969

Vergangenheit bis Zukunft...

Wir Älteren haben als Kinder gelernt: Der wichtigste Teil der Heiligen Messe ist die Wandlung. Die Worte Jesu Christi deuten: ›Das ist mein Leib, das ist mein Blut.‹ Jede Eucharistiefeier ist gemeinsames Mahl miteinander und mit Jesus Christus. ›Für euch hingegeben‹ – ›Für euch‹: formuliert kurz unseren Glauben: Jesus hat sich für uns geopfert. Das Blut des ›neuen und ewigen Bundes‹ stiftete unsere kirchliche Gemeinschaft. Mit Johannes Jourdan sagen wir: »Du rufst uns, Herr, an deinen Tisch und schenkst uns selber ein. Du bist das Opfer für die Welt, bezeugt durch Brot und Wein. Herr, dein Wort ist die Kraft, die das Neue schafft.« In der Eucharistie wird nicht ein neues Opfer Jesu Christi oder der Kirche gefeiert, sondern das eine und einmalige Opfer gewinnt durch das Gedächtnis Gegenwart. Als Brot und Wein in Aktion kennzeichnet Fronleichnam den lebendigen Leib (›lichnam‹) des Herrn (›fron‹). Deshalb schöpft das Hochfest seine Kraft aus dem Tod und der österlichen Auferstehung Jesu Christi.

Alle Zeit

»Wir kommen Herr, zu deinem Mahl aus der Verlorenheit. Du hast die Tür uns aufgetan und tust es alle Zeit. Herr, dein Wort ist die Kraft, die den Frieden schafft.« Johannes Jourdan (* 1923), evangelischer Gemeindepfarrer und Schriftsteller, empfindet sein Leben als Gnade Gottes in Jesus Christus. In vielen Jahren als christlicher Dichter sind mehr als 50 Tonträger von unterschiedlichen Komponisten und Sängern, zum Beispiel Klaus Heizmann und Siegfried Fietz, veröffentlicht worden. Mit dieser Jambendichtung führt er die Menschen in der Sprache der Zeit an Eucharistie und Abendmahl heran. Der Jambus gilt als frisch, belebt und dynamisch. Musikalisch unterstützt wird Johannes Jourdan vom früheren Kirchenmusiker in Karlsruhe und Hannoverschmünden, dem Komponisten Andreas Lehmann. Dieses Lied wurde für das jetzige Gotteslob neu entdeckt. Hören und singen wir: »Wir hören, Herr, auf dein Gebot; du schickst uns in die Welt. Dass alle deinen Frieden sehn: dazu sind wir bestellt. Herr, dein Wort ist die Kraft, die den Frieden schafft.«

Uns nahe

Im Evangelium weiß Jesus, dass dies sein letztes Mahl mit seinen Freunden ist. Es geht ihm nicht anders, als anderen Menschen, die wissen, dass sie sich für immer von ihren Lieben verabschieden müssen. Was dann gesagt oder gegeben wird, hat ein besonderes Gewicht und wird wie ein Schatz gehütet. So schenkt Jesus seinen Freunden seinen Leib und sein Blut – sich selbst als Zeichen eines dauerhaften Bundes zwischen Gott und allen Menschen. Gott gibt sich uns Menschen zu essen und zu trinken, um bei uns zu sein, in uns zu wohnen, uns nahe zu sein, unwiderruflich. »Du, rufst uns, Herr, an deinen Tisch und rufst uns nicht allein. Du willst in jedem, der uns braucht, selbst gegenwärtig sein. Herr, dein Wort ist die Kraft, die die Liebe schafft.« Das ist Bestätigung: Alle Liebe, zu der wir Menschen fähig sind, alle Freundschaft, die wir verschenken, alle Gemeinschaft, die unter uns besteht: Hier wird sie bestätigt und ausgewiesen als Seine Liebe. Daher auch der Auftrag: zu leben, was wir im Gottesdienst feiern; weiterzugeben, was wir dort empfangen; neu zu beginnen, was uns misslang. Dabei ist zwischenmenschliche Begegnung Ort möglicher Gotteserfahrung.

Gesänge zur Gabenbereitung

188 Nimm, o Gott, die Gaben, die wir bringen

Text: Raymund Weber 2009
Melodie: Andrew Lloyd Webber 1970

Ob ihr wohl mal an mich denkt?

Anfang 1970 präsentierten Lars Schmidt und Karl Buchmann die Rock-Oper »Jesus Christus Superstar«. Die damals schon weltberühmte und viel diskutierte Pop-Version der Leidensgeschichte Christi hatten der Textdichter Tim Rice und der Komponist Andrew Lloyd Webber in England ausgeheckt. Die Songfolge aus dem Leben Jesu umfasst jenen Zeitraum, den auch die Matthäuspassion von Johann Sebastian Bach zu Gehör bringt. Das ist wohl auch die einzige Ähnlichkeit zwischen Bach und Beat, denn die Musik von »Jesus Christ Superstar« speist sich aus den Quellen von Beat, Rock und Blues, Gospelsong, lyrischer Ballade, Charlestonklängen und einem Hauch von Opernpathos. Ein Lied ist mir gut in Erinnerung geblieben, das zum letzten Abendmahl: »Jede schwere Prüfung, jeder Kummer / Sinken in den gold' nen Kelch voll Wein…« singen die Jünger und Jesus antwortet: »Und hier trinkt ihr mein Blut und hier esst ihr meinen Leib / Ob ihr wohl mal an mich denkt, wenn ihr esst und trinkt…«. Unser Lied »Nimm, o Gott, die Gaben, die wir bringen / Nimm uns selber an mit Brot und Wein. / Alles Mühen, Scheitern und Gelingen wollen wir vertrauend dir, unserm Vater, weihn« ist

die neue Dichtung des Abendmahlliedes von Andrew Lloyd Webber (*1948 in London). Gedichtet hat es der Theologe und Germanist Raymund Weber (*1939 in Langenberg/Rheinland). Er gehört der Kölner Gruppe »Singles«, d.h. »Singen internationaler Neuer Geistlicher Lieder. Ein Serviceangebot«, an. Mit Wolfgang Bretschneider, Peter Deckert, Johannes Fromm, Heinz Martin Lonquich und später Christoph Seeger, Gregor Linßen und Thomas Quast publizierte er das »Singles Liedblatt« mit neuen geistlichen Liedern, meist in kompletten Partituren.

Wir bringen uns selbst

»Nimm uns selber an mit Brot und Wein« haben wir in der ersten Strophe gesungen. Ein theologischer Grundgedanke des Liedes, das sich in der ersten Strophe als Lobpreis an Gott (Doxologie) richtet, während die zweite an Jesus Christus erinnert (Anamnese = Gedächtnis) und die dritte Gottes Geistesgegenwart erbittet (Epiklese = Anrufung). »Jesus hat sich für uns hingegeben, / durch die Zeit bewahrt in Brot und Wein. / Nimm als Lob und Dank auch unser Leben, schließ uns in die Hingabe deines Sohnes ein. – Nimm uns an, sei du in unsrer Mitte, / wandle unser Herz wie Brot und Wein. Sei uns nah und höre unsre Bitte, / neu und ganz geheiligt von deinem Geist zu sein.« Sowohl die Gabenbereitung als auch die Eucharistie selbst rückt der Dichter in den Mittelpunkt. Viel zu wenig nutzt der Priester die Einladung zum Gabengebet: Lasset uns beten zu Gott, dem allmächtigen Vater, dass er die Gaben der Kirche annehme zu seinem Lob und zum Heil der ganzen Welt.« Mit der Antwort aller: »Der Herr nehme das Opfer an aus deinen Händen zum Lob und Ruhm seines Namens und zum Segen für uns und seine ganze heilige Kirche.« Exakt gibt die letzte Strophe unseres Liedes zur Gabenbereitung diese Intention wieder: »Wie die vielen Körner und Trauben, / eins geworden nun als Brot und Wein, / lass uns alle, die wir an dich glauben, / eine Opfergabe als deine Kirche sein.«

Gesänge zur Kommunion – Dank nach der Kommunion

210 Das Weizenkorn muss sterben

Text: Lothar Zenetti 1971
Melodie: Johann Lauermann 1972

Hören und Verstehen

Im Evangelium lehrt Jesus in Gleichnissen. In der Form von einfachen bildhaften Geschichten sagt er die Botschaft Gottes. Das 13. Kapitel bei Matthäus enthält sieben Gleichnisse vom Himmelreich. Die Gleichnisse vom Sämann, vom Unkraut unter dem Weizen, vom Senfkorn, vom Sauerteig, vom Unkraut, vom Schatz und von der Perle und vom Fischnetz. Zum Gleichnis vom Sämann dichtet Lothar Zenetti (*1926). Er war Seminarist im Stacheldrahtseminar von Chartre, welches zwischen 1945 und 1947 von Abbé Franz Stock (1904 – 1948) als Regens geleitet wurde, und ab 1962 Stadtjugendpfarrer in Frankfurt, dann Pfarrer der Sankt-Wendel-Gemeinde in Sachsenhausen: »Das Weizenkorn muss sterben, sonst bleibt es ja allein; der eine lebt vom andern, für sich kann keiner sein. Geheimnis des Glaubens: Im Tod ist das Leben.« Gleichnisse im engeren Sinne erzählen allgemein geltende und deshalb einleuchtende Erfahrungen, heute zum Beispiel bei Saat und Ernte. Immer wollen die Gleichnisse Jesu das Leben der Zuhörerinnen und Zuhörer verändern. Ihr Urteil wird provoziert und ihre Einstellung zur Lebenswelt herausgefordert. Aber auch die Jünger brauchen die Deutung des Gleichnisses. Eigentlich könnte sich der Prediger beruhigt zurück lehnen und Jesus

erklären lassen: »Hört also, was das Gleichnis vom Sämann bedeutet (13,18).«

Klartext

Aber vielleicht doch ein wenig Transformation mit Lothar Zenetti: »So gab der Herr sein Leben, verschenkte sich wie Brot. Wer dieses Brot genommen, verkündet seinen Tod.« In Erinnerung an unseren Zwischenruf nach der Wandlung heißt es wieder im Kehrvers: »Geheimnis des Glaubens: Im Tod ist das Leben.« Der Organist, Kantor und Chorleiter Johann Lauermann (* 1930), 1955-1994 Professor für Mathematik und Physik, hat das Lied in einer Kirchentonart vertont. Fachleute kennzeichnen den »hypophrygischen Modus« als ›wehmütiges Flehen‹: »Wer dies Geheimnis feiert, soll selber sein wie Brot; so lässt er sich verzehren von aller Menschennot.« Dazu gehört die ehrenamtliche und freiwillige Arbeit in der Caritas von Kirche und Gemeinde. Dazu gibt es einen kirchlichen Auftrag, eine Gemeinschaft von Gleichgesinnten sowie die ureigene soziale Kompetenz.

Frucht bringen

Deutlicher als bisher wird bei neuer Freiwilligkeit in unserer Zeit auf den Einzelnen – auf mich selbst – und die Begegnung untereinander verwiesen. Mit Selbstvertrauen – getragen und begleitet von der Konferenz, der Helfergruppe, der ökumenischen Krankenhaus- und Altenheimhilfe – kann ich mich den Menschen in Not öffnen. Prophylaxe, als vorbeugende Arbeit und Hilfe zur Selbsthilfe, sieht mehr als bisher die Ursachen derzeitiger Armut und Not. Grundlage unserer Arbeit ist einmal die Caritas Jesu Christi. Hinzu kommt das Lebensbeispiel vieler engagierter Christinnen und Christen bis heute, darunter Franziskus und Elisabeth, Vinzenz von Paul und Louise von Marillac. Andererseits sind uns immer wieder Partnerinnen und Partner aus verschiedenen Konfessionen und andere Menschen guten Willens willkommen. Hoffnung und Zuversicht gründen in dem festen Glauben, dass Gott in jedem Menschen lebt und dass er durch uns wirkt, wenn wir uns vom Geist der Liebe anstecken, ermutigen und bewegen lassen, Frucht zu bringen: »Als Brot für viele Menschen hat uns der Herr erwählt; wir leben füreinander, und nur die Liebe zählt. Geheimnis des Glaubens: Im Tod ist das Leben.«

Advent

221 Kündet allen in der Not

Text: Friedrich Dörr 1971 (vgl. Jesaja 35,1-10)
Melodie: Johann Rudolf Ahle 1662/Halle 1704/1708

Alle Jahre wieder

kommen Advent und Weihnachten. Aber es ändert sich nichts, es bleibt alles beim Alten. Oder? Einerseits frohe Erwartung – für Kinder. Sie machen Türchen für Türchen des Adventskalenders auf bis zur großen Bescherung. Eltern und Erwachsene freuen sich kaum noch. Ernüchtert vermissen sie das Fest der Freude und der Zuversicht. Trotzdem, vielleicht auch trotzig sagen wir heute den Advent an: »Kündet allen in der Not: Fasset Mut und habt Vertrauen. Bald wird kommen unser Gott; herrlich werdet ihr ihn schauen. Allen Menschen wird zuteil Gottes Heil. Gott naht sich mit neuer Huld, dass wir uns zu ihm bekehren; er will lösen unsre Schuld, ewig soll der Friede währen. Allen Menschen wird zuteil Gottes Heil.« Kommt es nicht darauf an, das urchristliche Element der Naherwartung wieder in unsere Verkündigung einzubringen? Unser Zwischenruf im Hochgebet hilft: »Deinen Tod, o Herr, verkünden wir und deine Auferstehung preisen wir, bis du kommst in Herrlichkeit!« Der Priester, Theologieprofessor und Kirchenlieddichter Friedrich Dörr (1908-1993), geprägt als Sanitätssoldat und Kriegspfarrer, hatte nach dem Krieg in Eichstätt den Lehrstuhl für Philosophie und Päda-

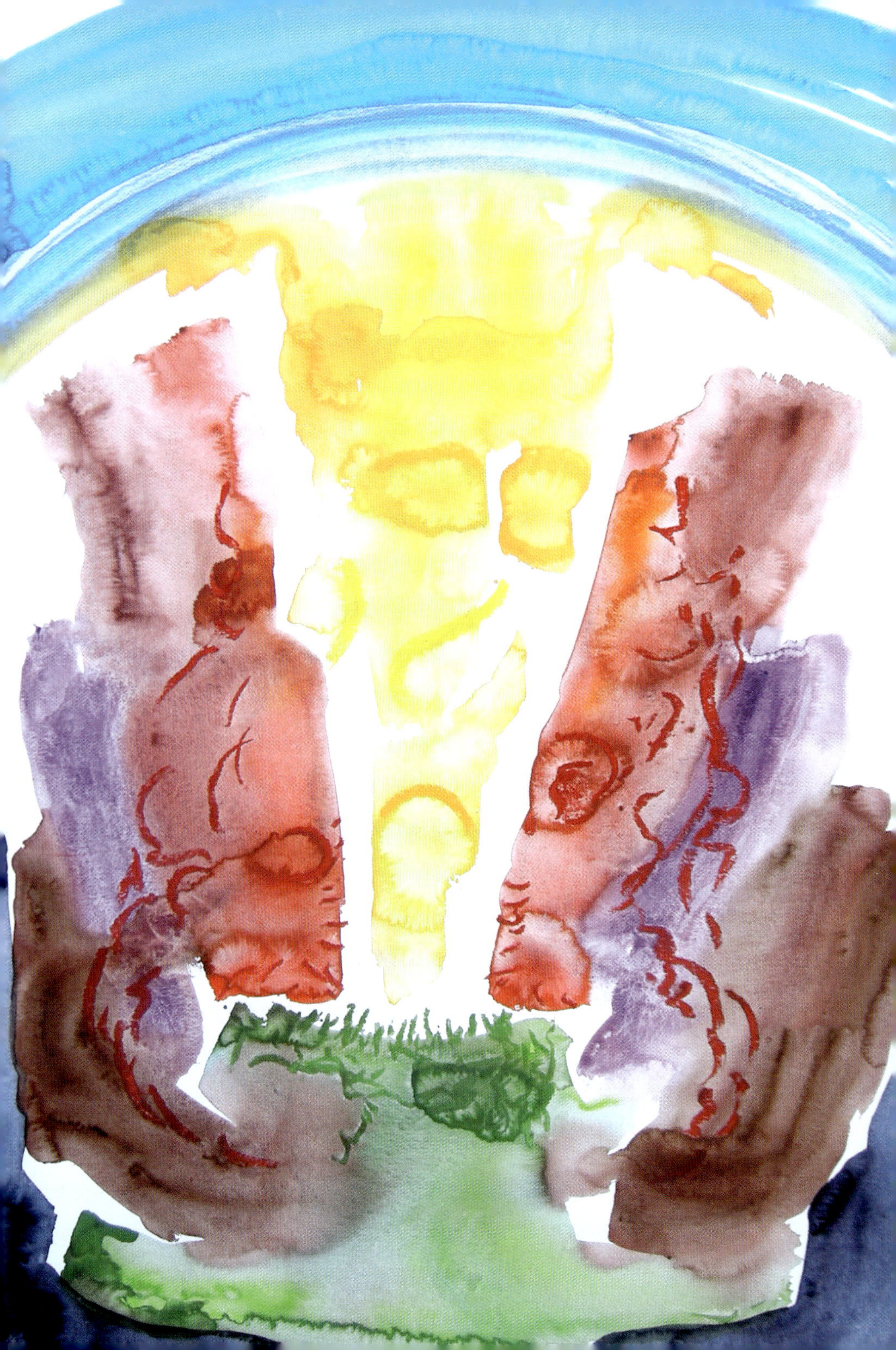

gogik inne. Er verfasste für die Liedkommission des Gotteslob 1975 eigene Lied- und Hymnentexte. Fast zehn Lieder sind auch im neuen Gotteslob in einfachen, klaren und doch flüssigen Formen enthalten. Der Komponist, Organist, Dichter und evangelische Kirchenmusiker Johann Rudolf Ahle (1625 – 1673) hat unsere Melodie zunächst zum Morgenlied »Morgenglanz der Ewigkeit« 1662 komponiert. Auch im »Geistreichen Gesangbuch« Halle 1704 beziehungsweise 1708 ist sie zu finden.

Den Armen wird verkündet

»Aus Gestein und Wüstensand werden frische Wasser fließen: Quellen tränken dürres Land, überreich die Saaten sprießen. – Blinde schaun zum Licht empor, Stumme werden Hymnen singen, Tauben öffnet sich das Ohr, wie ein Hirsch die Lahmen springen.« Im Evangelium hörten wir die Anfrage des Täufers, Jesu Antwort und Jesu Zeugnis über den Täufer. Jesu Wirken entspricht nicht der Vorstellung des Johannes vom bevorstehenden Gericht Gottes über Israel. Jesu spricht gerade den Zöllnern, den Sündern und den Heiden das Heil zu, während er mit den Musterfrommen Israels hart ins Gericht geht. In einem freien Zitat aus Jesaja umschreibt und deutet er sein Wirken als rettendes und nicht richtendes Tun: »Blinde sehen wieder, und Lahme gehen; Aussätzige werden rein, und Taube hören; Tote stehen auf, und den Armen wird das Evangelium verkündet.« (Matthäus 2,5). Die Vision des Propheten wird Wirklichkeit. Sie begeistert den Zimmermann Jesus und wird sein Programm. »Gott wird wenden Not und Leid. Er wird die Getreuen trösten, und zum Mahl der Seligkeit ziehen die vom Herrn Erlösten. Allen Menschen wird zuteil Gottes Heil.« Seine Botschaft spricht von der Zuwendung Gottes zu den Menschen, vor allem zu den Mühseligen, Beladenen, Enttäuschten, Schuldiggewordenen und Gescheiterten ausgerichtet. Anders als der adventliche Mensch an der Schwelle der Endzeit stehen wir bereits im Neuen des angebrochenen Heils. Dieses Neue muss sich zeigen und bewähren am Mitmenschen.

Advent

233 O Herr, wenn du kommst, wird die Welt wieder neu

Text und Melodie: Helga Poppe 1979

Advent

»O Herr, wir warten auf dich.« Refrain und Schlüssel zum Lied: »O Herr, wenn du kommst, wird die Welt wieder neu, denn heute schon baust du dein Reich unter uns, und darum erheben wir froh unser Haupt. O Herr, wir warten auf dich.« Dieses Warten ist begründet im Glauben an Jesus Christus, der bereits gekommen ist. Er hat die Glaubenden nicht ohne Hoffnung auf seine Gegenwart zurückgelassen. Unser Warten ist voller Hoffnung, nicht vergeblich nach Gott Ausschau zu halten. Wer im Advent des Lebens auf Gott wartet, wer aufmerksam in die Welt hineinhorcht, wird in seiner Erwartung nicht enttäuscht. Adventliches Leben hält sich offen für den wiederkommenden Herrn: »Deinen Tod, o Herr, verkünden wir und deine Auferstehung preisen wir, bis zu kommst in Herrlichkeit.« Schon – noch nicht: Das ist die Spannung. Das Reich Gottes hat schon begonnen, ist aber noch nicht vollendet. Das Gleichnis von den zehn Jungfrauen (Matthäus 25,1-13) ist Grundlage für die zweite Strophe: »Herr, wenn du kommst, wird es Nacht um uns sein, drum brennt unser Licht, Herr, und wir bleiben wach. Und wenn du dann heimkommst, so sind wir bereit. O Herr, wir warten auf dich.«

Christliche Hoffnung

Der Lehrerin Helga Poppe (*1942) fallen die Lieder »einfach so ein«, immer Text und Melodie zugleich. Ihre bekanntesten Lieder entstanden in der Frühzeit des Neuen Geistlichen Liedes. Dazu gehören auch »Du bist das Licht der Welt«, »Zwei Jünger gingen voll Not und Zweifel« und »Du stellst meine Füße auf weiten Raum« (alle 1977). Auch die Musik ist voller Hoffnung. Das Lied ist in Moll, nur in der wiederkehrenden Schlußzeile, im zweimaligen »O Herr, wir warten auf dich« erklingt die Tonleiter in Dur und lässt ein helleres Licht ahnen. In der dritten Strophe wird nicht auf das Jenseits vertröstet: »O Herr, wenn du kommst, jauchzt die Schöpfung dir zu, denn deine Erlösung wird alles befrein. Das Leid wird von all deiner Klarheit durchstrahlt. O Herr, wir warten auf dich.« Für Leid als Krankheit, Älter werden, Sterben und Tod wird im Warten christliche Hoffnung spürbar.

Freut euch!

Der 3.Advent als Sonntag der Freude (Gaudete) markiert die Zuversicht auf das nahe Heil »Freut euch im Herrn zu jeder Zeit! Noch einmal sage ich: Freut euch! Denn der Herr ist nahe« (Philipper 4,4-5) Helga Poppe dichtet: »O Herr, wenn du kommst, hält uns nichts mehr zurück, wir laufen voll Freude den Weg auf dich zu. Dein Fest ohne Ende steht für uns bereit. O Herr, wir warten auf dich.« Unsere Freude soll sich verwirklichen im Wandel zur Liebe. Sie kann ihre Kraft erweisen an den »Früchten«. Die Summe des Lebens, die Gott eines Tages zieht, ist soweit positiv, als unsere Freude und unser Leid in Bewegung geblieben ist als Liebe zum Mitmenschen. Anders als der adventliche Mensch an der Schwelle zur Endzeit, stehen wir bereits im Neuen des angebrochenen Heils. Dieses Neue zeigt und bewährt sich am Mitmenschen. Unsere Solidarität – besser unsere soziale Kompetenz – und unser Gespür für das Gemeinwohl zielen darauf auch den Verlierern im Wettbewerb um Güter und Glück, den Einflusslosen auf dem Markt und den nicht Anerkannten Chancen zu einem menschenwürdigen Leben und einer gerechteren Teilhabe am Wohlstand zu bieten. »O Herr, wir warten auf dich!«.

Advent

225 Wir ziehen vor die Tore der Stadt

Text: Gottfried Schille 1971
Melodie: Manfred Schlenker 1971

Adventliche Botschaft

Es geht um den Heiland, den Johannes ankündigt. Dem Herrn den Weg zu bereiten macht Vorfreude. Der Grundton der Zuversicht und der Freude durchzieht auch den ganzen Philipperbrief des Apostels Paulus. «Immer, wenn ich für euch bete, tue ich es mit Freude (Phil 1,4).« Denn die Philipper haben das Evangelium nicht nur gut aufgenommen. Sie haben erkannt, dass sie diese befreiende Botschaft vom Heiland nicht für sich behalten dürfen, sondern weitersagen müssen. Unser Lied ruft auf: »Wir ziehen vor die Tore der Stadt. Der Herr ist nicht mehr fern. Singt laut, wer eine Stimme hat! Erhebt die Blicke, wer schwach und matt! Wir ziehen vor die Tore der Stadt und grüßen unseren Herrn.« Gott liebt nicht nur ein einzelnes Volk, nicht nur Menschen einer bestimmten Konfession, einer bestimmten Veranlagung oder einer sauberen Vergangenheit. Gott liebt auch die Heiden, die Samariter, die Kranken, die Zöllner. Der Leipziger Neutestamentler und Pfarrer Gottfried Schille (1929 – 2005) bezieht den Text sowohl auf den Einzug Jesu in Jerusalem als adventliches Motiv wie im Lied »Macht hoch die Tür«. Der Blick geht aber auch zum Vorläufer Johannes dem Täufer. Sein heb-

räischer Name bedeutet »Gott ist gnädig« und Jesus bezeichnet ihn als »Größten unter allen Menschen (Lk 7,28).« Wie die anderen Propheten (vgl. Jes 6,8f; Jer 1,1ff) wird Johannes in sein Amt eingeführt. Das Wort Gottes trifft den Täufer in der Wüste.

Zielgruppen der Liebe

»Er ist entschlossen, Wege zu gehen, die keiner sich getraut. Er wird zu den Verstoßenen stehn, wird nicht nach anderer Urteil sehn. Er ist entschlossen, Wege zu gehen, vor denen allen graut.« Auch die Umkehrpredigt des Johannes bekommt ihren konkreten und praktischen Bezug. Seine Hörerinnen und Hörer fragen: »Was sollen wir also tun?« (Lk 3,10) Johannes antwortet mit der Aufforderung zur Barmherzigkeit, zum Tun der Liebe: »Wer zwei Gewänder hat, der gebe eines davon dem, der keines hat, und wer zu essen hat, der handle ebenso (11).« Hier geht es nicht um Lehrfragen, viel weniger um eine um sich selber rotierende Religiosität mit ihrer Betonung von Kult, Observanz und Dogma. Unsere Freude muss sich verwirklichen im Wandel zur Liebe. Die Summe des Lebens, die Gott eines Tages zieht, ist soweit positiv, als unsere Freude – und unser Leid – in Bewegung geblieben ist als Liebe zum Mitmenschen. »Wir ziehen vor die Tore der Stadt« wurde 1971 vertont vom Kirchenmusiker Manfred Schlenker (*1926). Er war 1956 Domkantor in Stendal und 1975 in Greifswald uud wurde Landeskirchenmusikdirektor. Unser Lied war sogar 1994 die Grundlage für eine Liedkantate für Chor, Gemeinde und Begleitung.

Krippe und Schädelfeld

»Er ruft uns vor die Tore der Welt. Denn draußen wird er sein, der draußen eine Krippe wählt und draußen stirbt auf dem Schädelfeld. Er ruft uns vor die Tore der Welt: Steht für die draußen ein!« Im Advent und zu Weihnachten wird Gott uns in Jesus zum Helfer. Und darin können wir ihm nacheifern: Helferinnen und Helfer für unsere Mitmenschen werden. Die gefeierte Vergangenheit verweist nach vorn. Gutes zu tun ist die Signatur für ein praktisches Christentum. Das bedeutet, dich und mich zu lieben aus einer gemeinsamen Hoffnung heraus. Eine Gemeinschaft von einfachen Menschen bilden. Unterwegs sein mit entschiedenen Schritten und frohen Gesichtern. Wie Jesus Worte sprechen, die Wahrheit, Licht und Hilfe für andere sind.

Die Weihnachtszeit

259 Gottes Stern, leuchte uns

Text und Melodie: Christoph Biskupek und Oliver Sperling 1998

»Wir haben seinen Stern aufgehen sehen…« (Matthäus 2,2)

»Gottes Stern, leuchte uns« ist als Pilgerlied zum Kölner Domjubiläum 1998 »750 Jahre Gotischer Dom« entstanden. Das Wallfahrtsmotto »Wir haben seinen Stern gesehen« wurde zum Refrain des späteren Sternsinger- und Gotteslobliedes: »Gottes Stern, leuchte uns, Himmelslicht der Schöpfung. Aus Finsternis und dunkler Nacht hat Gott der Welt das Licht gebracht. Gottes Wort die Welt erschuf, Menschen höret seinen Ruf. Wir haben seinen Stern gesehen und kommen voll Freude.« Text und Melodie sind im Team von Christoph Biskupek und Oliver Sperling entstanden. Der für den Eigenanteil des neuen Gotteslobes der Kölner Erzdiözese verantwortlich Priester Christoph Biskupek (*1957) hat als Pfarrer von Sankt Aposteln in Köln nicht nur der Kirchenmusik eine herausragende Bedeutung verschafft. Er hat die Sonntagsmusik und den Even-Song eingeführt und der Kunst in der Kirche Raum gegeben. In ähnlicher Weise ist er jetzt Pfarrer in St. Franziskus Erkrath (Hochdahl). Der ehemalige Essener Domsingknabe Oliver Sperling (*1965) ist Domkantor am Kölner Dom (Mädchenchor, Choralschola, Männerschola) und Dozent an der Hochschule für Musik in Köln.

Der Stern von Bethlehem

»Gottes Stern, zeige uns, stets den Weg zum Leben. So machten sich die Weisen auf und folgten deinem Himmelslauf. Gottes Sohn, ein Menschenkind. Eine neue Zeit beginnt. Wir haben seinen Stern gesehen und beten voll Freude.« So sagten die Sterndeuter aus Babylonien/Mesopotamien im heutigen Irak oder sonst wo am persischen Golf. Alle 794 Jahre ereignet sich dreimal eine große Konjunktion zwischen Jupiter und Saturn im Sternbild der Fische. Konjunktion meint das Zusammentreffen mehrerer Planeten im gleichen Tierkreiszeichen. Jupiter galt als Planet des Weltherrschers, das Sternbild der Fische wurde als Zeichen der Endzeit betrachtet. Der Planet Saturn war der Stern Palästinas. Das Geburtsjahr Jesu fällt in die Regierungszeit des Königs Herodes. Weil dieser im Jahr 4 vor Christus gestorben ist, muss Jesus vor diesem Zeitpunkt geboren sein, wahrscheinlich wenige Jahre vorher.

Kronen, Weihrauchfässer und Sterne

Inzwischen ist das Pilgerlied zum Kölner Domjubiläum 1998 zum Sternsingerlied geworden. Die ursprünglichen fünf Kölner Strophen wurden um zwei Strophen Lokalkolorit verkürzt ins neue Gotteslob aufgenommen. Mit der Übertragung der Reliquien der »Drei Könige« von Mailand nach Köln im Jahre 1164 entstanden Wallfahrten und Mysterienspiele. Aus diesen Dreikönigsspielen hat sich vermutlich das Sternsingen entwickelt. 1958 griff das Aachener Kindermissionswerk den Brauch mit der Aktion Dreikönigssingen auf und prägte ihn katechetisch, missionarisch und entwicklungspolitisch. Inzwischen ist sie die weltweit größte Hilfsaktion von Kindern für Kinder. In vielen Gegenden ziehen sie in diesen Tagen von Tür zu Tür. Sternsingerinnen und Sternsinger möchten in unserer sonst so nüchternen Zeit mit dem Stern auf frohe und anschauliche Weise die Botschaft verkündigen helfen: »Gottes Stern, leite uns, Zeichen der Verheißung. Durch Jesu Kreuz, der Liebe Macht, ist Gottes Heil an uns vollbracht. Gottes Geist ist uns geschenkt, der uns durch die Zeiten lenkt. Wir haben seinen Stern gesehen und glauben voll Freude.«

261 Stern über Bethlehem, zeig uns den Weg

Text und Melodie: Alfred Hans Zoller 1963

Sternbild

»Wir haben seinen Stern aufgehen sehen (Mt 2,2)…«, sagen Sterndeuter aus Babylonien/Mesopotamien im heutigen Irak oder sonst wo am persischen Golf. Alle 794 Jahre ereignet sich dreimal eine große Konjunktion zwischen Jupiter und Saturn im Sternbild der Fische. Konjunktion meint das Zusammentreffen mehrerer Planeten im gleichen Tierkreiszeichen. Jupiter galt als Planet des Weltherrschers, das Sternbild der Fische wurde als Zeichen der Endzeit betrachtet. Der Planet Saturn war der Stern Palästinas. Das Geburtsjahr Jesu fällt in die Regierungszeit des Königs Herodes. Weil dieser im Jahr 4 vor Christus gestorben ist, muss Jesus vor diesem Zeitpunkt geboren sein, wahrscheinlich wenige Jahre vorher. Setzt man als Geburtsdatum Jesu die Jahre 7/6 vor Christus, haben Sterndeuter und Gestirnpriester aus dem Zweistromland den Aufgang dieses Sternes rund zwei Jahre zuvor beobachtet. Heute singen auch wir: »Stern über Bethlehem, zeig uns den Weg, führ uns zur Krippe hin, zeig, wo sie steht, leuchte du uns voran, bis wir dort sind, Stern über Bethlehem führ uns zum Kind.«

Stern über Bethlehem

Vom 13. November 2016 bis zum 28. Januar 2017 zeigte das Museum RELíGIO Telgte die 76. Krippenausstellung mit dem Titel »Stern über Bethlehem«. Der Titel der Ausstellung stammt aus dem gleichnamigen Kirchenlied von Alfred Hans Zoller aus dem Jahr 1963. Der Komponist und Dichter (*1928 , +2006 Neu-Ulm) war Jazz-Pianist, Kantor und Organist in Reutti bei Neu-Ulm. Im Gotteslob und im Evangelischen Gesangbuch ist die ursprüngliche 2. Strophe weggefallen: »Stern über Bethlehem, bleibe nicht stehn. Du sollst den steilen Pfad vor uns hergehn. Führ uns zum Stall und zu Esel und Rind. Stern über Bethlehem, führ uns zum Kind.« Viele Künstler der Telgter Ausstellung haben sich intensiv mit dem Ausstellungsthema auseinandergesetzt. Neben den vielen traditionellen Krippen, die die Besucher auch bei dieser Ausstellung auf die Weihnachtszeit und die Christgeburt einstimmen, haben etliche Künstler das Thema der Ausstellung im Hinblick auf die Flüchtlingsbewegung gestaltet.

Sternsingerinnen und Sternsinger

Mädchen und Jungen möchten in unserer sonst so nüchternen Zeit mit dem Stern auf frohe und anschauliche Weise die Botschaft verkündigen helfen: Uns ist der Heiland erschienen! Uns ist ein Licht aufgegangen. »Stern über Bethlehem, nun bleibst du stehn. Und lässt uns alle das Wunder hier sehn, das da geschehen, was niemand gedacht. Stern über Bethlehem, in dieser Nacht.« Auch auf uns schaut das Kind, auf alle Menschen, die Gott liebt, auf Christinnen und Christen und alle Menschen guten Willens. Kommt und seht, was er euch sagen wird. Das ist Ermutigung, das Ziel nicht aus den Augen zu verlieren. So singen und sagen die Sternsingerinnen und Sternsinger den Haussegen für das Neue Jahr. Die Bezeichnung der Türen mit C +M + B und der Jahreszahl ist die Verchristlichung eines heidnischen Schutzzaubers, mittelalterlich gedeutet meist als »Christus mansionem benedicat« – Christus segne dieses Haus – »Stern über Bethlehem, wir sind am Ziel, denn dieser arme Stall birgt doch so viel. Du hast uns hergeführt, wir danken dir. Stern über Bethlehem, wir bleiben hier.« Stern über Bethlehem, kehrn wir zurück. Steht doch dein heller Schein in unserm Blick, und was uns froh gemacht, teilen wir aus. Stern über Bethlehem, schein auch zuhaus. Lassen auch wir uns ermutigen, unser Ziel nicht aus den Augen zu verlieren. Denn, so berichtet Matthäus, als sie am Ziel waren, »wurden sie von sehr großer Freude erfüllt. (2,10)«.

Österliche Bußzeit

273 O Herr, nimm unsre Schuld

Text: Alois Albrecht 1974
Melodie: Peter Janssens 1974

Unsere Schuld

Jesus geht es um das Erbarmen untereinander – um Gottes willen. Matthäus beschreibt als Parallele die eigentümliche 5. Bitte des Vaterunsers: »Und erlass uns unsere Schulden, wie auch wir sie unseren Schuldnern erlassen haben (Matthäus 6,12).« (»Vergib uns unsere Schuld, wie auch wir vergeben unseren Schuldigern.«) Für Matthäus ist gerade auch Gemeinde und Kirche der Ort, wo niemandem eine Schuld nachgetragen wird: »Wenn du deine Opfergabe zum Altar bringst und dir dabei einfällt, dass dein Bruder etwas gegen dich hat, so lass deine Gabe dort vor dem Altar liegen; geh und versöhne dich zuerst mit deinem Bruder, dann komm und opfere deine Gabe (5,23f.).« Hans-Georg Lotz, Hamburger Musikprofessor (1934-2001) dichtet und komponiert 1964 mit Veränderungen 1988 und 1993: »O Herr, nimm unsre Schuld, mit der wir uns belasten, und führe selbst die Hand, mit der wir nach dir tasten.« Lotz, der in verschiedenen Stilen Chormusik und Solokompositionen machte, anfänglich angelehnt an den Stil Bela Bartoks, war der Rhythmus wichtig. Das auch im Evangelischen Gesangbuch zu findende Lied (235) besteht aus Jamben, d.h. jeweils aus zwei Silben, wobei die erste unbetont und die zweite betont ist. Genauer gesagt verwendet der Dichter und Komponist einen gereimten jambischen Sechsheber mit 13

Silben und einer Zäsur nach der sechsten Silbe. Das ist kein Wunder bei Hans-Georg Lotz als Professor für Satzlehre und Gehörbildung!

Positiv

»Wir trauen deiner Macht und sind doch oft in Sorgen. Wir glauben deinem Wort und fürchten doch das Morgen. O Herr, nimm unsre Schuld, die Dinge, die uns binden, und hilf, dass wir durch dich den Weg zum andern finden.« Aktion und Reaktion, Schlag und Gegenschlag, Exzess und Vergeltung: Endlos wird die Gegenwart von der Vergangenheit bewältigt und verschlungen. Vergebe ich mir etwas, wenn ich Fehler zugebe? Vergebung befreit den, der vergibt! Gnade vor Recht! Ist nicht jedes Negativ da, um daraus ein Positiv zu entwickeln? Verzeihung – die Sache ist vergeben und vergessen. So bin ich oftmals schuldig, aber nicht verzweifelt. Jemand kommt auf für die Schuld der ganzen Welt. Das ist Ermutigung und Entschuldigung: »Denn er hat sein Volk besucht und ihm Erlösung geschaffen (Lukas 1,68).«

Merkmal

Waagerecht und senkrecht bleibt das Kreuz-Zeichen unseres Lebens. Gemeint ist Mitmenschlichkeit aus Glaubenskraft. Wo ist Selbstvertrauen nicht schon brüchig und das Vertrauen in den Mitmenschen erschüttert worden? Die breite Basis eines uneingeschränkten Gottvertrauens hilft da weiter. Dabei gilt es, das Kreuz unseres Lebens zu sehen, es auszuhalten und darunter zu bleiben. Gehe ich den Weg eines Liebenden? Lasse ich meinen eigenen Weg im Alltag von anderen durchkreuzen? Trainiere ich vielleicht sogar einmal dafür? Dazu gehört auch, Alleinstehende, kranke und alte Menschen zu Hause oder im Krankenhaus und im Pflegeheim zu besuchen, Begegnung und Hilfe zu vermitteln und damit die Brücke zur Gottesdienstgemeinde zu bauen. Vieles geschieht in wechselseitiger Hilfe, im gegenseitigen Trösten und Raten oft mit viel Phantasie und Engagement.

Österliche Bußzeit

274 Und suchst du meine Sünde

Text: Schalom Ben-Chorin 1966
Melodie: Christian Dostal 2008 / Kurt Boßler 1967 (EG)

Erstes Testament

Es lohnt sich, im Alten Testament den 139. Psalm zu lesen. Er ist der erste Hintergrund unseres Liedtextes. Der zweite ist ein Text des jüdischen Religionsphilosophen Martin Buber »Ich und du«. Unser Dichter Ben Chorin bezieht sich in seinem 1959 verfassten Gedicht »Und suchst Du meine Sünde« auf den spanisch-jüdischen Philosophen Salomo Ibn Gabirol (1020-1058): »Und wenn du mich tötest – ich hoffe auf dich, fragst du nach meiner Schuld – flieh ich von dir zu dir / und berge mich vor deinem Zorn in deinem Schatten.« So ist die Grundlage unseres Liedtextes die Liturgie des Yom Kippur, des jüdischen Versöhnungstages: »Und suchst du meine Sünde, flieh ich von dir zu dir, Ursprung in den ich münde, du fern und nah bei mir. – Wie ich mich wend und drehe, geh ich von dir zu dir, die Ferne und die Nähe sind aufgelöset hier.« – Von dir zu dir mein Schreiten, mein Weg und meine Ruh, Gericht und Gnad, die beiden bist du und immer du.«

Autoren

Schalom Ben Chorin – d.h. Friede Sohn der Freiheit –, geboren am 20.Juli 1913 in München als Fritz Rosenthal, gestorben am 7. Mai 1999 in Jerusalem, war ein deutsch-israelischer Journalist und Religionswissen-

schaftler. Ihm ging es um den christlich-jüdischen Dialog, die Überwindung des Antisemitismus durch die Möglichkeit einer Theologie nach Ausschwitz. Die Melodie komponierte der Regensburger Diözesanmusikdirektor Christian Dostal – zusätzlich zu vorhandenen Vertonungen etwa im Evangelischen Gesangbuch (Kurt Boßler). »Du und immer du« – die Quintessenz des Textes bekommt durch die Vertonung von Christian Dostal «ein orientalisches Kolorit« (Meinrad Walter), Die Melodie entspricht dem Text und erinnert an synagogale Musik. Der antiphonale Psalmengesang wurde zur Zeit der Könige durch eine reiche Instrumentierung verstärkt und übte Einfluss auf die Gregorianik aus. Wort und Klang unseres Liedes erreichen das Ziel als Begegnung von Mensch und Gott, von Ich und Du.

Meine Sünde

Wenn es um meine Sünde geht, lerne ich aus der Geschichte mit der Ehebrecherin: Jesu Entscheidung lässt keine Stellungnahme zum Gesetz erkennen. Er will weg aus dem rechtlichen Bereich in das unmittelbare Gottesverhältnis. Die Zudringlichen (›zu dringlichen‹) macht er betroffen und stellt sie selbst unter das Gericht Gottes. Ich berge mich in Gott – auch mit meiner Schuld. Weglaufen bringt wenig, er ist überall. Als Ursprung, aus dem ich komme und zu dem ich zurückkehre, ist Gott mir fern und doch sehr nah. Das ganze Leben ist für mich ein Weg. Wir haben die Neigung, uns über den anderen zu stellen und eigene Prinzipien zur Richtschnur zu machen. Ist ein »Urteil« gefällt, ist man mit dem anderen fertig, ist der andere abgewiesen. Der Raum des anderen wird eingeengt, so dass er sich nicht mehr frei bewegen kann. Die üble Nachrede, selbst wenn sie ihre Gründe hat, nimmt ihm die Luft zum Atmen und bereitet ihm Hindernisse, die er nicht durchschaut. Wir sind in diesem Punkt oft merkwürdig leichtsinnig und kommen erst zum Bewusstsein, wenn wir einmal selbst die Betroffenen sind. Allen einen gangbaren Weg zu weisen und ihnen zu ihrem Recht zu verhelfen, ist eine mögliche Erdung und beklagt nicht gleich das schwindende Sakrament der Versöhnung. Ob das, was Jesus ›auf die Erde geschrieben‹ hat, nicht Barmherzigkeit und Erbarmen bedeutet?

Die Feier der Heiligen Woche

291 Holz auf Jesu Schulter

Text: Jürgen Henkys (1975) 1977 nach dem niederländischen »Met de boom des levens« von Willem Barnard
Melodie: Ignace de Sutter 1964, Kv nach dem gregorianischen Kyrie »Orbis factor«

Lebensbaum

Eine der Deutungen des Kreuzes Jesu Christi: »Met de boom des levens« lautet das Original des niederländischen reformierten Pfarrers und Liederdichters Willem Barnard (1920–2010). Bekannt durch die theologisch geglückte Paraphrase von Lieddichter, Pastor und Theologieprofessor Jürgen Henkys (1929–2015). Gesungen beim »Kreuzweg der Jugend« verdanken wir die Melodie Ignace de Sutter (1911–1988), flämischer Priester, Musiker und Pädagoge: »Holz auf Jesu Schulter, von der Welt verflucht, ward zum Baum des Lebens und bringt gute Frucht. Kyrie eleison, sieh, wohin wir gehen. Ruf uns aus den Toten, lass uns auferstehn.« Das gregorianische Kyrie im Kehrvers ist schnell erkannt aus dem Ordinarium XI Orbis Factor für den Sonntag im Jahreskreis. Damit wird unser Lied auch zum Kyrie eines Allgemeinen Schuldbekenntnisses. »Wolln wir Jesus bitten, dass auf unsrer Fahrt Friede unsre Herzen und die Welt bewahrt. Kyrie eleison, sieh, wohin wir gehen. Ruf uns aus den Toten, lass uns auferstehn.«

Sein Kreuz tragen

Lukas bringt das Wort von der Kreuzesnachfolge (9,23) nochmals in verkürzter Form: »Wer nicht sein Kreuz trägt und mir nachfolgt, der kann nicht mein Jünger sein (Lukas 14,27).« Es geht ihm um dein und mein Kreuz – ob politisch oder juristisch – in den Konfliktfeldern Alt – Jung, Mann – Frau, Reich und Arm. »Denn die Erde klagt uns an bei Tag und Nacht. Doch der Himmel sagt uns: Alles ist vollbracht! Kyrie eleison, sieh wohin wir gehen. Ruf uns aus den Toten, lass uns auferstehn. Wollen wir Gott loben, leben aus dem Licht. Streng ist seine Güte, gnädig sein Gericht. Kyrie eleison, sieh wohin wir gehn. Ruf uns aus den Toten, lass uns auferstehn.« Alle Kreuze gilt es auszuhalten. Es gilt, sie zu sehen und darunter zu bleiben. Lasse ich meinen eigenen Weg im Alltag von anderen durchkreuzen? Trainiere ich vielleicht sogar einmal dafür?

Kompromisslos

Eine Legende erzählt von Menschen, die mit ihren Kreuzen unterwegs waren. Alle mühten sich ab mit ihrer schweren Last. Doch einem war sein Kreuz zu lang und zu schwer. Kurzerhand sägte er ein Stück ab. Nach langer Pilgerschaft kamen alle an einen Abgrund. Ewige Freude und Gottes sichtbare Nähe schien unerreichbar. Nach kurzem Zögern legten alle ihre Kreuze über den Abgrund. Sie passten gerade. Der aber sein Kreuz abgesägt hatte, um es leichter zu haben, stand nun betroffen da und war verzweifelt. »Denn die Erde jagt uns auf den Abgrund zu. Doch der Himmel fragt uns: Warum zweifelst du? Kyrie eleison, sieh, wohin wir gehn. Ruf uns aus den Toten, lass uns auferstehn.« Der Refrain ist die ursprünglich 4. Strophe. Das Lied hat sechs Strophen. Die erste und letzte bilden eine Klammer um zwei Doppelstrophen: 2 und 3 als Bitte mit Begründung und 4 und 5 als Lob mit Erklärung. »In diesem zugleich kräftigen und stillen Lied wird der Widerstreit von Kreuz und Auferstehung, von Sinnlosigkeit und Lebensreichtum so durchdacht, dass Jesu Geschick und unser eigenes immer mehr zusammen geschaut werden. Das Kreuz als Galgen und damit als Zeichen des Todes erschließt sich dem Glauben als Baum des Lebens.« (Jürgen Henkys) Übrigens: 175 Lieder hat Jürgen Henkys ins Deutsche übertragen. Etwa »Morgenlicht leuchtet« als Übertragung von »Morning has broken« und »Herr, gib Frieden« aus der DDR-Friedensbewegung gehören dazu!

Die Osterzeit

322 Halleluja, Halleluja, Halleluja. Ihr Christen singet hocherfreut

Text: EGB 1975 nach einer Übersetzung des lateinischen »O filii et filiae« von Jean Tisserand vor 1494 durch Christoph Moufang 1865
Melodie: nach Paris 1623

Ostern und die Frauen

Jedes Jahr feiern wir Ostern am Sonntag nach dem ersten Frühlingsvollmond. Ostern hat sprachlich dieselben Wurzeln wie Osten, die Himmelsrichtung, wo die Sonne aufgeht, das Licht herkommt. Ab jetzt sind die Tage länger als die Nächte, das Leben siegt über den Tod. Dazu wird zu Ostern und in der Oktav ein zwölfstrophiger lateinischer Hymnus »O filii et filiae« (Söhne und Töchter) gesungen: »Halleluja, Halleluja, Halleluja. Ihr Christen, singet hocherfreut; der Herr der ewgen Herrlichkeit ist von dem Tod erstanden heut. Helleluja.« 1494 von dem französischen Franziskaner Jean Tisserand geschrieben, erlangte er mit einer spät-gregorianischen Melodie in Frankreich große Popularität und breitete sich in die englischsprachigen Länder und auch nach Deutschland aus. Auf der Übersetzung von Christoph Moufang von 1865 und der im Dreiertakt perodisierten Melodie basiert unser Gottesloblied »Ihr Christen singet hocherfreut.« Frauen aus dem Freundeskreis Jesu kommen an sein Grab, um den Leichnam nach damaligem Brauch zu salben: »Die Frauen kamen zu dem Ort, sie wollten Jesus salben dort: ›Wer wälzt den

Stein vom Grabe fort?‹ Die Jünger früh am dritten Tag, sehn ängstlich an der Stätte nach, wo Jesus Christ begraben lag.«

Erscheinungen

»Der liebste Jünger Sankt Johann, er eilt dem Petrus schnell voran. Kam früher bei dem Grabe an.« Wer die Ostererzählungen hört, spürt viel Bewegung. Vom Gehen und Laufen und Rennen ist zu hören. Alle vier Evangelisten sind sich einig, dass die Osterbotschaft in der Frühe des ersten Wochentages zum ersten Mal verkündigt und vernommen wird. Für Maria von Magdala, Johanna und Maria, die Mutter des Jakobus, schafft der Anblick des leeren Grabes zunächst nicht Glauben, sondern Ratlosigkeit und Verwirrung. Im Zentrum der Erzählung steht die Botschaft der Engel. Im Stil eines Sprichwortes müssen sich die Frauen sagen lassen, dass es unsinnig ist, einen Lebenden bei den Toten zu suchen. Was folgt, ist das Glaubensbekenntnis der Kirche, damals wie heute. »Ein Engel strahlt im Lichtgewand, den frommen Frauen macht bekannt, dass Jesus Christus auferstand. Bleibt nicht beim leeren Grabe stehn, ihr sollt nach Galiläa gehen, dort werdet ihr den Meister sehn.«

Gläubiger Thomas

Ausführlich greift unser Hymnus die Thomasgeschichte auf und beschreibt die ersten beiden Sonntage. »Sie sahen den Herrn von Angesicht. Doch voller Zweifel Thomas spricht: ›Wenn ich nicht sehe, glaub ich nicht… Am achten Tag er vor ihm stand, an Jesu Leib die Male fand, ›Mein Herr und Gott‹, er da bekannt… Glückselig alle, die nicht sehn; sie werden mit ihm auferstehn.« Heute kann uns der Unglaube des Thomas mehr zum Glauben führen als der Glaube der gläubigen Jünger. Allerdings beruht er nicht auf eigener Feststellung, sondern auf dem Zeugnis der Apostel »Wir haben den Herrn gesehen (25)« bis heute. Es gilt das Wort Jesu: »Selig sind, die nicht sehen und doch glauben (29).« Wenn wir auch nicht mehr sehen und berühren können, ist uns doch die Präsenz des Herrn mit all ihren Wirkungen geschenkt. Die Weisheit der Bibel, die Kraft des Gebetes und die Gemeinschaft des Gottesdienstes unterstützen uns dabei. Wir glauben an Gottes Geistesgegenwart – aktuell, weltoffen und fortschrittlich. Sie bringt schöpferische Spannung und lässt Menschen geschwisterlich lieben.

Die Osterzeit

325 Bleibe bei uns, du Wandrer durch die Zeit

Text: Peter Gerloff
Melodie: William Henry Monk 1861

Merkwürdiger Osterspaziergang

Evangelium? Frohe Botschaft? Zunächst überhaupt nicht! Kein (herkömmlicher Oster-) Spaziergang: »Vom Eise befreit sind Strom und Bäche…« Im Gegenteil, zwei ganz schwer Enttäuschte – auf der Flucht vor den Behörden, vor der Gemeinde und vor sich selbst. Da ist nichts mehr vom Hochgefühl, mit Hosianna-Rufen an der Seite Jesu in Jerusalem empfangen zu werden. Statt Staatsstreich Gefangenschaft, statt Thronbesteigung Kreuzestod. Ganz klein haben sie ihren Meister gesehen. Blamiert haben sie sich als seine Anhänger. Nur weg aus diesem Loch… Aber gut, dass sie nicht einsam und allein sind: Sie redeten und tauschten ihre Gedanken aus (vgl. Lukas 24,15). Ein seelischer Verdauungsprozess. Das »Eis« auf ihren eigenen »Strömen und Bächen« hat allerdings eine lange Schmelze. »Sie waren wie mit Blindheit geschlagen«(16). Denn alle Beratung und Begleitung durch einen Dritten, dem sie merkwürdigerweise alles erzählen, hilft zunächst nicht.
!

Problemlösung

Peter Gerloff (*1957 in Münster), zunächst evangelischer Theologe und

Gemeindepfarrer im Ruhrgebiet, ist der Dichter unseres Liedes zu dieser Schriftstelle. 1990 konvertiert er zur katholischen Kirche, wird 1995 zum Priester geweiht. Er ist nach einer Tätigkeit als Krankenhausseelsorger in Hildesheim von 2004 bis 2013 Pfarrer in Sehnde (Niedersachsen) und anschließend in Bad Nenndorf. Hören und singen wir seine Interpretation der Emmausjünger – eines von sechs Liedtexten im Gotteslob: »Bleibe bei uns, du Wandrer durch die Zeit! Schon sinkt die Welt in Nacht und Dunkelheit. Geh nicht vorüber, kehre bei uns ein. Sei unser Gast und teile Brot und Wein.« Damals wurde die Problemlösung vom Auferstandenen selbst eingeleitet: »Begreift ihr denn nicht? ...Musste nicht der Messias all das erleiden, um so in seine Herrlichkeit zu gelangen? (26)« Die beiden werden genau da abgeholt, wo sie stehen: Beim Hochgefühl der Hosianna-Rufe, bei Gefangenschaft, Kreuz und Tod. Und beim Abendessen in der Gaststätte ist das gute Gefühl wieder da. Ihnen »brennt das Herz (32)«, das »Eis« beginnt zu »tauen«, und beim Brotbrechen gehen ihnen die Augen auf und über. Zum ersten Mal begreifen sie, dass er anders gesiegt hat, als sie es sich ausmalten. Sie kehren um und berichten ihrer Gemeinschaft. Auch dort die Erkenntnis: »Der Herr ist wirklich auferstanden! (34)« Noch einmal der Dichter: »Weit war der Weg. Wir flohen fort vom Kreuz. Doch du, Verlorner, führtest uns bereits. Brennt nicht in uns ein Feuer, wenn du sprichst? Zeige dich, wenn du nun das Brot uns brichst.«

Lebend und sterbend

Wilhelm Henry Monk (*1823 in Brompton bei London, +1889 in Stoke Newington bei London) ist der Komponist. 1847 zunächst Chormeister und später Professor am Kings's Kollege in London, gab er 1861 das englische Gesangbuch »Hymns Ancient and modern« – (ur)alte und moderne Kirchenlieder – heraus. Seine Melodie passt zum unregelmäßigen Versmass aus Daktylen (Länge und Doppelkürze) und Trochäen (Länge und Kürze). Der Dichter Peter Gerloff führt uns in die Gegenwart: »Weihe uns ganz in dein Geheimnis ein. Lass uns dich sehen im letzten Abendschein. Herr, deine Herrlichkeit erkennen wir: Lebend und sterbend bleiben wir in dir.« Die Emmausjünger zeigen, wie wir als »Jünger aus zweiter Hand« Jesus Christus auch heute noch unmittelbar begegnen können im Wort und Sakrament.

346 Atme in uns, Heiliger Geist

Text: Jean-Marc Morin »Esprit de Dieu, souffle de vie«
Übersetzung: Thomas Csanády und Roger Ibounigg 1985
Melodie: Pierre und Viviane Mugnier, Emmanuel Songs 1982

Wirke in uns, Heiliger Geist

In der Pfingstgeschichte des Johannes ist der Friedensgruß Jesu am Abend des Ostertages mit dem Auftrag verknüpft: »Wie mich der Vater gesandt hat, so sende ich euch (Johannes 20,21).« Seine Ausstattung heißt: »Empfangt den Heiligen Geist! (22)«. Die Zeit der Kirche beginnt. Pfingsten ist biblisch und liturgisch ein Christusfest! Für Paulus ist jedenfalls die Vorstellung von der Gemeinde als »Leib Christi« sein Gemeindemodell. So ist der Wunsch des Dichters Jean-Marc Morin zu verstehen: «Esprit de Dieu, souffle de vie«. Thomas Csanády und Roger Ibounig übersetzen 1985: »Atme in uns, Heiliger Geist, brenne in uns, Heiliger Geist, wirke in uns, Heiliger Geist, Atem Gottes, komm.« Das französische Original entstand in der geistlichen Gemeinschaft Emmanuel. Zu den Übersetzern gehört der österreichische Pfarrer Roger Ibounigg (*1960) aus der Diözese Graz-Seckau, Sympathisant der Katholischen Charismatischen Erneuerung. Die Gemeinschaft Emmanuel besteht aus Lobpreis, Mitleiden und Evangelisierung als Verwirklichung von »Gott ist mit uns« = Emmanuel.

Komm, du Geist, durchdringe uns

Unser pfingstlicher Ruf heißt: »Komm, Schöpfer Geist« – Veni, creator spiritus! Dazu unser Lied: »Komm, du Geist, durchdringe uns, komm, du Geist kehr bei uns ein. Komm, du Geist belebe uns, wir ersehnen dich. Komm, du, Geist der Heiligkeit, komm du Geist der Wahrheit, komm du Geist der Liebe, wir ersehnen dich.« Heiligkeit, Wahrheit, Liebe werden hier als Geistesgaben besungen. Wir unterscheiden auch folgende Geistesgaben: Die Gabe der Weisheit = Wissen, worauf es ankommt, nicht die Fülle des Wissens ist entscheidend. Die Gabe der Einsicht = Alles richtig verstehen; mit dem Herzen sehen; Gott hinter allem erkennen. Die Gabe des Rates = Guten Rat annehmen; den richtigen Rat geben. Die Gabe der Erkenntnis = Sich selbst und seine Grenzen erkennen. Die Gabe der Stärke = Zivilcourage haben; auch gegen den Strom schwimmen können: Mut, Ausdauer, Konsequenz haben. Die Gabe der Frömmigkeit = Dankbar sein gegen Gott, ihm vertrauen; aus ihm und mit ihm leben. Die Gabe der Gottesfurcht = Nicht Angst, sondern Ehrfurcht vor Gottes unfassbarer Liebe haben.

Mach uns eins

»Wir ersehnen dich« – das ist die jeweils letzte Zeile unseres Liedes. Die Sehnsucht nach dem Atem Gottes in uns gelingt durch besondere Rhythmen. Gleich am Anfang reizen klug gesetzte Synkopen: »Atme in uns – brenne in uns – wirke in uns!« Die unregelmäßigen Daktylen (Hebung und zwei Senkungen) und Trochäen (Hebung und eine Senkung) sind schwungvoll und herausfordernd. «Komm, du Geist, mach du uns eins, komm, du Geist, erfülle uns. Komm, du Geist, und schaff uns neu, wir ersehnen dich.« Wo ist der Geist heute wirksam? Wir sollten aufmerksam in uns hineinhorchen, in die Tiefe unseres Inneren »hineinbohren« – bis auf unseren ›getauften Kern‹, dann wird der Geist wirksam. Auch in unserer Gemeinde wird dann ein Fremder, Neuer, Zugezogener, ein Außenseiter, ein Benachteiligter, ein Leidender oder ein Kranker ›fassungslos‹ erfahren, dass Menschen in seiner eigenen Sprache reden und ihm Heil verkünden! »Atme in uns, Heiliger Geist, brenne in uns, Heiliger Geist, wirke in uns, Heiliger Geist, Atem Gottes, komm.«

363 Herr, nimm auch uns zum Tabor mit

Text: Peter Gerloff 2001
Melodie: Richard Mailänder 2007

Verklärung

Verklärung ist ein Moment, um dessen willen wir leben. Etwas erscheint schöner und besser, ein Gesicht bekommt einen verklärten Ausdruck, ein Mensch strahlt. Die Bandbreite geht von Verehrung bis Anhimmelung und von Anbetung bis Vergötterung. Erlösung ist wohl so etwas wie eine Verklärung, Verwandlung, Erfüllung. Wir kennen im Leben: Da wird etwas wahr, Träume zum Beispiel. Lukas berichtet von der verherrlichenden Verwandlung Jesu auf einem hohen Berg vor Petrus, Johannes und Jakobus. Er versinnbildlicht im Voraus Jesu Leiden, Tod und Auferstehung. Die bildende Kunst stellt Jesus Christus in einer Mandorla erhöht auf dem Berg Tabor zwischen Gesetz (Mose) und Propheten (Elija) über den kauernden Jüngern dar. Dazu passt die Bitte unseres Liedes: »Herr, nimm auch uns zum Tabor mit, um uns dein Licht zu zeigen! Lass unsre Hoffnung Schritt um Schritt mit dir zu Gott aufsteigen. Du wirst auch uns verklären, Herr der Herren.« Sechs Lieder im Gotteslob sind vom evangelischen Gemeindepfarrer Peter Gerloff (*1957 in Münster). Nach seiner Konversion zur katholischen Kirche 1990 Priesterweihe 1995, dann Krankenhausseelsorger in Hildesheim.

2004 bis 2013 Pfarrer in Sehnde (Niedersachsen) und anschließend in Bad Nenndorf. Singen und vor allem hören wir weiter:

Meditation

»Lass leuchten deine Herrlichkeit, von der die Seher künden! Mach uns für Gottes Reich bereit, wo alle Mühen münden. Du wirst auch uns verklären, Herr der Herren.« Ganz oben, sozusagen auf der Höhe, sind das Gesetz und die Propheten. Im Zeugnis der Väter liegen fünfzehnhundert Jahre Geschichte Gottes mit den Menschen. Das ist für die drei Freunde Petrus, Johannes und Jakobus ein ganz besonderer Blick. Es wird plötzlich ganz deutlich, was sie erhoffen. Was eigentlich alle Welt betrifft, bleibt intim – ist Herzenssache trotz seiner Universalität. Die Botschaft lautet: Nicht Leid und Tod, sondern der lebendige Gott hat das letzte Wort. Auf die helle, uns zugewandte Seite des Schöpfers, »auf ihn sollt ihr hören (Lk 9,35).« Jetzt geht es nicht mehr um Gesetz und Propheten, der Verklärte nimmt uns mit. Sein Verhältnis, seine Beziehung zu Gott ist die neue Gemeinschaft für uns: Geschwisterliches Miteinander.

Alltag

»Dann geh mit uns vom Berg hinab ins Tal der Alltagssorgen und sei uns Weg und Wanderstab durchs Kreuz zum Ostermorgen. Du wirst auch uns verklären, Herr der Herren.« Der Komponist Richard Mailänder (*1958 in Neunkirchen-Siegkreis) zeichnet die Bewegung des Auf- und Abstiegs in der Melodie nach. Nach dem Studium der Kirchenmusik, Musikwissenschaft und Geschichte war er 13 Jahre in einer Gemeinde. Seit 1987 ist er Leiter des Referates Kirchenmusik im Erzbistum Köln, seit 2006 Diözesankirchenmusikdirektor und Dozent an der Musikhochschule Köln. Thema unseres Liedes ist die Einheit als eine Version des Liebesgebotes. Gottes Reich des Friedens und der Gerechtigkeit wird lebendig. Menschen werden zu Schwestern und Brüdern in lebendiger Gemeinschaft. Lasst uns also hören mit offenem Herzen, handeln aus dem Geist Jesu Christi, damit sich auch über uns der Himmel öffnet und wir erfahren: Wir sind Gottes geliebte Kinder, an uns möchte er sich freuen, miteinander dürfen wir seine Liebe leben. Gegen alle auseinander strebenden Kräfte bleibt der Kehrvers: »Du wirst auch uns verklären, Herr der Herren!«

Jesus Christus

366 Jesus Christus, guter Hirte

Text: Adelgart Gartenmeier 1997
Melodie: Kamilla Usmanova 2008

Hirt und Schaf

»Es gibt zweierlei Hirten./ die einen kümmern sich um die Wolle, / die anderen kümmern sich um das Fleisch./ Aber um die Schafe kümmert sich keiner.« Beklagt der Schriftsteller Jean-Paul Sartre (1905-1980). Hat er Recht? Dem Evangelisten Johannes jedenfalls geht es in seiner Bildrede vom Hirten und den Schafen um das Motiv vertrauensvoller Verbundenheit. Christliche Theologie im Vollsinn leuchtet auf, wenn wir singen: »Jesus Christus, guter Hirt, Hoherpriester, Osterlamm, für das Lamm, das sich verirrte, starbst du an dem Kreuzesstamm.« Die Dichterin Adelgart Gartenmeier (*1934 in Marktoffingen) ist seit 1956 Dillinger Franziskanerin. Als Lehrerin und Geistliche Begleiterin war sie im Priesterseminar Augsburg tätig. Sie erinnert an den 23. Psalm: »Der Herr ist mein Hirt, mir wird nichts fehlen (Ps 23,1)«. Beim Propheten Jesaja heißt es von Gott, dem Herrn: «Wie ein Hirt führt er seine Herde zur Weide, er sammelt sie mit starker Hand (Jes 40,11).« Bei Ezechiel lese ich: »Weh den Hirten Israels, die nur sich selbst weiden. Müssen die Hirten nicht die Herde weiden (Ez 34,2)?« Und der Prophet Micha schaut visionär auf einen Menschen aus Bethlehem: »Er wird auftreten und ihr Hirt sein in der Kraft des Herrn, im hohen

Namen Jahwes, seines Gottes. Sie werden in Sicherheit leben. (Micha 5,3).«

Leben und Tod

»Baum des Lebens, Strom des Heiles, edler Weinstock, Himmelsbrot, du nur kennst und führst die Deinen in das Leben aus dem Tod.« Nicht nur die Dichtung ist Wahrheit, es lohnt sich auch, auf die Melodie zu hören. »Werk Gottes« nennt die Komponistin Kamilla Rhiel (Usmanova) die organische Vereinigung mit der Dichtung von Schwester Adelgart. Die studierte Komponistin aus Taschkent (Usbekistan) studierte katholische Kirchenmusik an der Hochschule für Musik und Tanz in Köln. Bei islamischer Mehrheit in Usbekistan (89 Prozent) ist sie russisch-orthodox (8 Prozent) getauft, seit 2002 römisch-katholisch und trägt die Begeisterung zum Gregorianischen Choral durchs Leben. Die Kölner Organistin (St. Kolumba) vertonte zunächst einen russischen Text zu Ehren des heiligen Franziskus im Stil eines mittelalterlichen Prozessionsliedes. »Wort des Vaters, offne Türe, Licht der Stadt Jerusalem, lass uns deine Stimme hören. Lass uns deine Wege gehen.«

Guter Hirt – heute

Den Lyriker und Redemptoristenpater Alfons Jestl (*1956) kann ich gut verstehen, wenn er sich wünscht, ein einfacher Hirte zu sein: »dem gedanken hänge ich nach/ einsamer hirte zu sein/ auf einer weide mit einigen schafen/ und unversehrtem auferstehungsglauben// nicht angegriffen und in / zweifel zertreten von euren/ ewigen diskussionen ob es/ auferstehung gibt oder nicht.« Auf dem Land weiß man einen Bauern zu schätzen, der sein Vieh zu pflegen versteht. Auch Städter schauen interessiert auf Tierpflegerinnen und – pfleger unserer Zoologischen Gärten, die paradiesische Ahnungen wecken können. Was bedeutet es heute, von einem Gott zu wissen, dem ich mein Leben ohne Rückhalt anvertrauen, dessen Ruf ich ohne Zögern folgen, dessen Wort ich für verbindlich und verlässlich nehmen darf? Immerhin geht es um Jesus Christus, der wie kein anderer vor ihm beauftragt und vollendet wurde. Sein Jünger und seine Jüngerin zu werden bedeutet, ihn in Person als die Tür, als Zugang zu Gott zu erkennen. Die doppelte Beziehung vom Vater zu Jesus und von Jesus zu den Seinen heißt Vermittlung und Offenbarung. Gott wird in Jesu Sterben und Auferstehung wirksam.

Jesus Christus

370 Christus, du Herrscher Himmels und der Erde

Text: Vinzenz Stebler 1975
Melodie: Reiner Schuhenn 2005

König nicht trotzdem, sondern gerade...

Merkwürdigerweise handelt das Evangelium am Christkönigssonntag C von der Lästerung des Gekreuzigten. Volksführer und Soldaten verspotten den Gekreuzigten. Der Kreuzestitel INRI – Jesus Nazarenus Rex Judaeorum – Jesus von Nazaret – »Das ist der König der Juden« (Lukas 23,38) – eröffnet den zweiten Aspekt. Lukas gestaltet die Situation: Der bittende Verbrecher am Kreuz wird dem lästernden gegenübergestellt: »Jesus denk an mich, wenn du in deiner Macht als König kommst.« (42) Er ist ganz bei Trost, wenn er hört: »Amen, ich sage dir. Heute noch wirst du mit mir im Paradies sein.« Dazu passt der Text unseres Liedes. Der Benediktiner von Mariastein (Basel) Dr. Vinzenz Stebler (1917 – 1997) dichtete 1975 diesen Christus-Hymnus: »Christus, du Herrscher Himmels und der Erde, Herr über Mächte, Throne und Gewalten: Du bist der erste und du bist der Letzte, Anfang und Ende.« Für ihn ist Christus Anfang und Ende der Schöpfung, voll des Erbarmens, ewigen Ursprungs, thronend im Himmel, immer und ewig! Musikalisch wird dieses theologische Konzept unterstrichen mit einer Melodie im 2/2 Takt in B-Dur. Mit der Tonika, dem Akkord des Grundtons beginnend

»Christus, du Herrscher...«, bewegt sie sich in Ruhe und Beständigkeit bis zu den letzten Worten einer jeden Strophe, zum Beispiel »Anfang und Ende« im Übersteigen der Oktave. Dreißig Jahre später – 2005 – ist der Kirchenmusiker, Chorleiter, Dirigent und Hochschullehrer Reiner Schuhenn (* 1962) der Komponist. »In deinen Händen ruht der Menschen Schicksal. Nichts kann auf Erden deiner Macht entgleiten. Du sprichst das Urteil über alle Völker voll des Erbarmens.«

Christuskönig

1925 hat Pius XI. das Christkönigsfest eingeführt, ursprünglich am Sonntag vor Allerheiligen. Seit 1970 wird es am letzten Sonntag des Kirchenjahres gefeiert. An die Bekenntnissonntage der Katholischen Jugend am Christkönigsfest kann ich mich noch gut erinnern. Als Absage an den totalen Machtanspruch des Nationalsozialismus hatte das Fest einen hohen Erlebnis- und Zeugniswert für den Glauben. Die neu gestalteten liturgischen Texte betonen die österliche Dimension des Christuskönigs. Sie ist interkonfessionell und erst recht interkulturell. So hören wir in der Präfation vom Christuskönig: »Wenn einst die ganze Schöpfung seiner Herrschaft unterworfen ist, wird er dir, seinem Vater, das ewige, alles umfassende Reich übergeben: das Reich der Wahrheit und des Lebens, das Reich der Heiligkeit und der Gnade, das Reich der Gerechtigkeit, der Liebe und des Friedens.« Dazu dichtet Pater Vinzenz: »Reiche entstehen, blühen und zerfallen, aber das deine überdauert alle, denn deine Herrschaft ist von Gott verliehen, ewigen Ursprungs.« Das altgermanische Wort »König« bedeutet, »aus vornehmem Geschlecht stammender Mensch«. Ein König ist also durch seine Herkunft ausgezeichnet. Jesu Christi Königtum ist Teil der neutestamentlichen Verkündigung. Paulus schreibt an die Kolosser (2. Lesung) vom Reich des geliebten Gottessohnes: »In ihm wurde alles erschaffen im Himmel und auf Erden, das Sichtbare und das Unsichtbare, Throne und Herrschaften, Mächte und Gewalten...«(Kolosser 1,16) »Keiner der Großen kann mit dir sich messen: Herrscher der Herren, König aller Zeiten. Abglanz des Vaters, Spiegel seiner Hoheit, thronend im Himmel. Dir sei die Ehre, dir und deinem Vater, und auch dem Geiste sei das Lob gesungen: Gott, dem Dreieinen, Lob und Preis und Ehre immer und ewig.«

Jesus Christus

378 Brot, das die Hoffnung nährt

›Brot‹ in der Wüste

Die Frage nach dem Sinn des Lebens als Liebe, aber auch als Leid mit Krankheit, Alter und Tod findet ihre Antwort in der Gemeinschaft Gottes mit den Menschen. Der »eine Mensch Jesus Christus (vgl. Römer 5,15)« erfährt den dreifachen Hunger aller Menschen nach Reichtum, Ehre und Macht. Geistesgegenwärtig helfen Jesus bei der teuflischen Versuchung in der Wüste drei Worte der Heiligen Schrift. Das erste lautet:

»Der Mensch lebt nicht nur von Brot.«

In der zweiten Rede des Mose über die zehn Gebote steht weiter: »Sondern von allem, was der Mund des Herrn spricht.« (Deuteronomium 8,3) Der Dichterpfarrer Wilhelm Willms (1930–2002) interpretiert: »Brot, das die Hoffnung nährt, Freude, die der Trauer wehrt, Lied, das die Welt umkreist. Wolke, die die Feinde stört, Ohr, das von Rettung hört, Lied, das die Welt umkreist.« Wenn wir weitergeben, »was der Mund des Herrn spricht«, geht es eben nicht nur um Brot, um »sauber und satt«, sondern um den dreifachen Auftrag: Verkündigung von Gottes Wort, Feier der Sakramente u n d den Dienst der Liebe (Benedikt XVI. in ›Deus caritas est‹ 25.) Peter Janssens (1934–1998), Musiker, Komponist und Mitbegründer des Sacro-Pop, vertonte 1974 die Verse von Wilhelm Willms. Erstmals auf LP »Ehre sei Gott auf der Erde« mit dem bezeichnenden Titel »Neues Lied im alten Land« erschienen, schaffte es unser Lied nach auch ins Gotteslob 2013!

»Du sollst den Herrn, deinen Gott, nicht auf die Probe stellen.«

Das zweite Schriftwort erinnert an den Wüstenzug. Die Israeliten haben Durst und murren gegen Mose. Auf Weisung Gottes schlägt er Wasser aus einem Felsen und nennt den Ort Massa und Meriba (Probe und Streit), »weil die Israeliten Streit begonnen und den Herrn auf die Probe gestellt hatten.«(Exodus 17,7) Geht es uns nicht genauso? Wie oft sind wir am Verdursten und fragen wie die Israeliten: »Ist der Herr in unserer Mitte oder nicht?« Wilhelm Willms kennt und nennt zum Stichwort ›Wüste‹: »Wort, das das Schweigen bricht, Trank, der die Brände löscht, Lied, das die Welt umkreist. Regen, der die Wüsten tränkt, Kind, das die Großen lenkt, Lied, das die Welt umkreist.« In »Wind, Sand und Sterne« bittet Antoine de Saint-Exupéry Gott: »Nur eines Zeichens aber bedarf es von dir, dass die Wüste sich wandelt, dass der bloße Sand und der Horizont und der große stille Wind nichts Fremdes mehr sind und nichts Zufälliges, sondern ein weites Reich, durch das hindurch ich dich erkenne.«

»Vor dem Herrn, deinem Gott, sollst du dich niederwerfen und ihm allein dienen.«

Das dritte Schriftwort ist aus der gleichen Mose-Rede wie das erste Schriftwort (Deuteronomium 5,9; 6,13). Er erläutert das erste Gebot: »Du sollst keine anderen Götter neben mir haben.« Auch Jesus verweist auf die Geschichte des Volkes Israel. Er kennzeichnet den schwierigen ›Wüstenweg‹ von der Vielgötterei zum Ein-Gott-Glauben. Jesus hat das Gebot der Gottesliebe (Deuteronomium 6,4-5) mit demjenigen der Nächstenliebe (Lev 19,18) zusammengeschlossen (Markus 12,29-31): »... nicht mehr nur ein Gebot, sondern Antwort auf das Geschenk des Geliebtseins, mit dem Gott uns entgegengeht.« (Benedikt XVI. in ›Deus caritas est‹1.) Jesu Wort ist wahr und bleibt, es ist lebendig und drängt zum Tun. Es ist mehr als eine Lehre, mehr als ein Gesetz, mehr als ein Rezept. »Kraft, die die Lahmen stützt, Hand, die die Schwachen schützt, Lied, das die Welt umkreist. Brot, das sich selbst verteilt, Hilfe, die zu Hilfe eilt, Lied, das die Welt umkreist.«

Vertrauen und Trost

428 Herr, dir ist nichts verborgen, du schaust mein Wesen ganz

Text: Maria Luise Thurmair 1971 nach Psalm 139
Melodie: Caspar Uhlenberg 1582

Furchtloses Bekenntnis

Die Jünger sind am Wirken Jesu beteiligt und werden ›geschickte‹ Apostel. Jesus mahnt zu furchtlosem Bekenntnis, verheißt ihnen den Beistand des Vaters und kündigt an, für sie beim Gericht einzutreten. Das Verhüllte wird offenbar und das Verborgene wird bekannt. Im Blick auf den Psalm 139 dichtet die Germanistin Maria Luise Mumelter (1912–2005), verheiratet mit dem Dichter Georg Thurmair (1909–1984): »Herr, dir ist nichts verborgen. Du schaust mein Wesen ganz. Das Gestern, Heut und Morgen wird hell in deinem Glanz. Du kennst mich bis zum Grund, ob ich mag ruhn, ob gehen, ob sitzen oder stehen, es ist dir alles kund.« Die Aufgabe der Jünger ist erhellende Verkündigung. Jesu Geist soll sich in ihrer umfassenden Verkündigung universal auswirken. »Fürchtet euch nicht…(Matthäus 10,28)« erinnert an den Widerstand, mit dem die Jünger bei ihrem Wirken zu rechnen haben. Damit sind sie zur letzten Entscheidung aufgefordert.

Christliche Liebe

Unsere Dichterin spürt Vertrauen in den tröstenden Gott: »Wenn ich

zum Himmel flöge. Ich könnt dir nicht entfliehn; wenn ich zum Abgrund zöge, ich fände dich darin. Trüg mich das Morgenrot, bis zu der Erde Enden, du hieltest mich in Händen, im Leben und im Tod.« Es geht um unser Lebenszeugnis – manchmal sogar ohne ein ausdrücklich gesprochenes Zeugnis des Glaubens. Christliche Liebe kann Räume eröffnen, in denen die Zuwendung Gottes erfahrbar wird. In der helfenden Beziehung ist die Wirklichkeit Gottes bereits da, auch wenn wir nicht mit Worten davon reden. Häufig erfordert die Tat ebenso viel Mut und Konsequenz der Nachfolge wie das Wortzeugnis. Unsere Dichterin bedient sich der Melodie des ehemaligen lutherischen Pfarrers Caspar Uhlenberg (1549-1617). Nach seiner Konversion wurde er katholischer Priester, Schulleiter und Pfarrer in Kaiserswerth und Köln. Er übersetzte die Bibel und übertrag Psalmen in Gestalt von Liedern.

Christliches Bekenntnis

»Und wollt ich mich verhüllen, in Finsternis und Nacht, du wirst sie ganz erfüllen, mit deines Lichtes Pracht. Du kennst das Dunkel nicht; die Nacht wird dir zum Tage, und wo ich Dunkel sage, da ist vor dir nur Licht.« Dieses Bekenntnis soll zeigen, dass man im Vertrauen auf den liebenden Gott leben und glauben, beten und sterben kann. »Du entziehst keinem deine väterliche Hand, der fest in deiner Liebe verwurzelt ist« (Messbuch). Marie-Luise Thurmair geb. Mumelter – mit 38 Liedern im Gotteslob vertreten – dichtet: »Dir will ich Dank bezeugen, der herrlich mich gemacht, und mich voll Staunen neigen vor deiner Werke Pracht. Du, der mich prüft und kennt, halt mich in deinem Segen, leit mich auf ewgen Wegen, bis an mein selig End.« Es bleibt der gemeinsame Glaube (Vertrauen) als Zugang zum Sinn des Lebens, die eine Hoffnung (Lebensbejahung) im Blick auf die Zukunft und die Liebe (Beziehungsfähigkeit) zum Mitmenschen und zu Gott. Ich darf und muss mich zuerst selber lieben und annehmen, um mich dem Nächsten öffnen zu können und unverzichtbar die Liebe Gottes an mich heran zu lassen. Das ist die Dialektik der Liebe: Über die Selbstliebe zu mehr Verständnis und Liebe zum Nächsten; aus der Liebe Gottes zu neuen Beziehungen und Begegnungen mit den Mitmenschen und mit mir. Wir müssen uns nicht den Sinn des Lebens selbst besorgen. Es ist von Gott angenommen und bejaht. Gott lebt in jedem Menschen. Er wirkt durch uns, wenn wir uns vom Geist seiner Liebe anstecken, ermutigen und bewegen lassen.

448 Herr, gib uns Mut zum Hören

Text und Melodie: Kurt Rommel 1963

Erfüllung

Im entscheidenden Teil der Bergpredigt verweist Jesus auf die Erfüllung des mosaischen Gesetzes. Es geht um die judenchristliche Auseinandersetzung mit dem jüdischen Gesetzesverständnis. Erinnert wird hier an den Auftrag Jesu, der die jedem Juden von Kindesbeinen an vertraute Gottesliebe (Deuteronomium 6,5) mit der Nächsten- und Selbstliebe (Leviticus 19,18) verbindet (Markus 12,28-33 parr) und auf die Feindesliebe zuspitzt (Matthäus 5,43-48a). Die neue Gerechtigkeit wird in sechs Antithesen vorgestellt: »Ihr habt gehört…Ich aber sage euch…« Alle Antithesen gipfeln in der Feindesliebe. Der evangelische Pfarrer und Kirchenliedkomponist Kurt Rommel (1926–2011) ruft auf: »Herr gib uns Mut zum Hören auf das, was du uns sagst. Wir danken dir, dass du es mit uns wagst.« 1994 hat er eine Strophe hinzugefügt: »Herr, gib uns Mut zum Leben, auch wenn es sinnlos scheint. Wir danken dir, denn du bist uns nicht feind.«

Beziehungsfähigkeit

Elementar scheint mir der Versöhnungsgedanke in Jesu ›Rede von der wahren Gerechtigkeit‹ (Bergpredigt) zu sein »Wenn du deine Opfergabe zum Altar bringst und dir dabei einfällt, dass dein Bruder etwas gegen dich hat, so laß deine Gabe dort vor dem Altar liegen; geh und versöhne

Gerechtigkeit
verkünde ich
in großer
Gemeinde
meine Lippen
verschließe ich
nicht Herr du
weißt es

dich zuerst mit deinem Bruder, dann komm und opfere deine Gabe.«(Matthäus 5,23f.). Kerngedanke des christlichen Menschenbildes ist und bleibt die Personalität. Jedes Miteinander von Menschen muss der einzelnen Person und der Entfaltung der Persönlichkeit dienen. Dazu ist eine Orientierung am Gemeinwohl notwendig. Es geht um Rahmenbedingungen, in denen jeder seinen Zielen nachgehen kann, ohne andere zu schädigen. »Mut zum Dienen« nennt es der ehemalige Jugendpfarrer in Stuttgart, Kurt Rommel: »Herr, gib uns Mut zum Dienen, wo's heute nötig ist. Wir danken dir, dass du dann bei uns bist.« Soziale Gerechtigkeit aus der Mitwirkung aller führen zur Subsidiarität, zur »Hilfe zur Selbsthilfe«. Das Prinzip der Solidarität »Wir sitzen alle in einem Boot« verbindet uns miteinander. Unser Handeln hat Auswirkungen auf andere. Deshalb empfiehlt Jesus: »Geh und versöhne dich zuerst mit deinem Bruder, dann komm und opfere deine Gabe (Matthäus 5,24).« Unser Schuldbekenntnis und der Friedensgruß bekommen dadurch einen besonderen Stellenwert.

Ausspannen und glauben

Weiter im Liedtext: »Herr, gib uns Mut zur Stille, zum Schweigen und zum Ruhn. Wir danken dir: Du willst uns Gutes tun.« Auch das gehört zu unserer sonntäglichen Feier: Ausruhen, still werden, Atem holen, Mut fassen. Eine Christin spürt: »Es ist mir unbegreiflich, egal in welcher Stimmung und Verfassung ich zum Gottesdienst komme, müde, abgespannt, hektisch, oberflächlich, frustriert. Jedes Mal und völlig ohne mein Dazutun bin ich hinterher ruhig, zuversichtlich, beschämt und glücklich.« Jesus fügt hinzu: ...so werdet ihr Ruhe finden für eure Seele.« (Matthäus 11,29). Ich möchte Zeit haben für neue und alte Begegnungen als »modernes Zeichen von Liebe«. Auch dort ist ein Neu-Beginn, eine »Reise in unser eigenes Leben« möglich. Wir erfahren Freude, feiern Feste, die »keinen Zweck« haben und wenig kosten. So spüren wir ein bisschen von dem Glück, das uns bei Gott erwartet. Und leichter finden wir wieder zum Glauben: »Herr, gib uns Mut zum Glauben an dich, den einen Herrn. Wir danken dir, denn du bist uns nicht fern.« Hören, Leben, Dienen, Stille und Glauben braucht unseren Mut. »Gott gebe uns die Gelassenheit, Dinge hinzunehmen, die wir nicht ändern können, den Mut, Dinge zu ändern, die wir ändern können, und die Weisheit, das eine vom anderen zu unterscheiden.« (nach R. Niebuhr)

Sendung und Nachfolge

456 Herr, du bist mein Leben, Herr, du bist mein Weg

Text und Melodie: Pierangelo Sequeri »Tu sei la mia vita«

Glaubwürdiger Abschied

Jesu Bitten an den Vater: ein Gebet, langsam zu lesen und zu hören. Worte, die einen großen inneren Frieden voraussetzen: Höhepunkt und gleichzeitiger Abschluss des Abschiedsgebetes Jesu an den Vater. Wir haben seine Bitten um Einheit (Joh 17,20-23), um Gemeinschaft mit Gott (24) und schließlich um die Vollendung der Glaubenden (25f.) gehört. Pierangelo Sequeri, übersetzt von Christoph Biskupek, dichtet: »Herr, du bist mein Leben, Herr, du bist mein Weg. Du bist meine Wahrheit, die mich leben lässt. Du rufst mich beim Namen, sprichst zu mir dein Wort. Und ich gehe deinen Weg, du, Herr, gibst mir den Sinn. Mit dir hab ich keine Angst, gibst du mir die Hand. Und so bitt ich, bleib doch bei mir.« Der katholische Priester, Schriftsteller und Musiker Pierangelo Don Sequeri, *1944 in Mailand, studierte parallel zur Theologie Violine und Komposition. Der Professor für Fundamentaltheologie an der Facoltà teologica in Mailand hat im Jahr 1977 unser Lied »Tu sei la mia vita« gemacht und es Symbolum, Bekenntnis genannt. Die Melodie besteht aus Trochaen; auf eine betonte folgt eine unbetonte Silbe. Dieses Metrum rhythmisiert den Text und beeinflusst unser Singen, wie etwa bei den Liedern: »Gott liebt diese Welt« oder »Meine engen Grenzen«.

Der 1957 in Düsseldorf geborene Priester Christoph Biskupek hat während seiner Tätigkeit als Seelsorger, Lehrer sowie Domvikar und Präses der Chöre am Kölner Dom dieses Lied übersetzt.

Jesus, unser Bruder

»Jesus, unser Bruder, du bist unser Herr. Ewig wie der Vater, doch auch Mensch wie wir. Dein Weg führt durch den Tod in ein neues Leben. Mit dem Vater und den Deinen bleibst du uns vereint. Einmal kommst du wieder. Das sagt uns dein Wort, um uns allen dein Reich zu geben.« Die Einheit der Glaubenden, nachgebildet der Einheit von Vater und Sohn, kann weder organisiert, noch befohlen, noch vorgetäuscht werden. Sie wird vom Gottesgeist stets neu bewirkt und empfangen und im schlichten Tun der Liebe gelebt. Nach dem Johannesevangelium kann die Welt nur durch die Erfahrung einer mehr als formell-äußerlichen Liebe glauben, dass Gott ist und dass er sie so wie seinen einzigen Sohn liebt. Wie sich diese Liebe im Kreuz Jesu Christi zeigte, wird sie sich immer wieder erweisen durch die Bereitschaft der Glaubenden, für andere da zu sein. »Du bist meine Freiheit, du bist meine Kraft. Du schenkst mir den Frieden, du schenkst mir den Mut. Nichts in diesem Leben trennt mich mehr von dir, weil ich weiß, dass deine Hand mich immer führen wird. Du nimmst alle Schuld von mir und verwirfst mich nie, lässt mich immer ganz neu beginnen.

Einheit der Glaubenden

Stehen wir nicht mitten in einer Parteienbildung – mitunter sogar Frontenbildung in unserer Kirche. Es gibt einen Trost: So einheitlich und friedsam, wie es uns scheinen möchte, ist es in der Kirche nie gewesen. Unruhe ist heilsam, weil sie vor Friedhofsruhe bewahrt. Allerdings sollte sich niemand schuldig machen durch vorschnelle Verdächtigungen oder gar Verurteilung. Es geht um die Bereitschaft, miteinander zu sprechen, einander ernst zu nehmen und einander zu stützen in guten Werken. So heißt die letzte Strophe: »Vater unsres Lebens. Wir vertrauen dir. Jesus, unser Retter, an dich glauben wir, und du Geist der Liebe, atme du in uns. Schenke du die Einheit, die wir suchen auf der Welt. Und auf deinen Wegen führe uns ans Ziel. Mache uns zu Boten deiner Liebe.«

Sendung und Nachfolge

457 »Suchen und fragen, hoffen und sehn«

Text: Michel Scouarnec (*1934) »Aube nouvelle dans notre nuit«
Übertragung : Diethard Zils (*1935)
Melodie: Jo Akepsimas (*1940)

Herkunft

Ein Priester aus Frankreich, Michel Scouarnec (*1934), ein welterfahrener Dominikanerpater, Diethard Zils (*1935), und ein gebürtiger Grieche, Jo Akepsimas (*1940), bescherten uns dieses Lied. »Eine sehr einfache Melodie im griechischen Folklore-Stil, mit einem Teil in Moll und dem Kehrvers in Dur.« So beschreibt Jo Akepsimas, Philosoph und Musiker, sein Lied. Seit Ende der 1960er-Jahre ist sein Interesse für Theologie und Liturgie Grund, ausschließlich neue geistliche Lieder zu komponieren. Erinnert sei nur an »Im Dunkel unserer Ängste«, »Wir haben Gottes Spuren festgestellt«, »Menschen auf dem Weg« und unser Lied: »Suchen und fragen, hoffen und sehn, miteinander glauben und sich verstehn, lachen, sich öffnen, tanzen, befrein, so spricht Gott sein Ja, so stirbt unser Nein. So spricht Gott sein Ja, so stirbt unser Nein.« Diethard Zils hat das ehemalige Adventlied »Neuanfang in der Nacht…« übertragen als suchendes und fragendes Rätsel. Der Dominikanerpater war mehr als zehn Jahre in der Bischöflichen Hauptstelle für Jugendseelsorge in Düsseldorf, engagierte sich als Bundeskaplan in der Katholischen Studie-

renden Jugend (KSJ) und lebt eine Reihe von Jahren in der Internationalen Gemeinschaft der Dominikaner von Bosnien bis Brüssel. Neben seinen Liedübertragungen dichtete er viele Liedtexte, darunter: «Kommt herbei, singt dem Herrn«, »Mädchen, du in Israel«, »Pilger sind wir Menschen«, »Wir haben Gottes Spuren festgestellt« und »Sag ja zu mir, wenn alles nein sagt« als Beispiele.

Alltag

»Klagende hören, Trauernde sehn, aneinander glauben und sich verstehn, auf unsre Armut lässt Gott sich ein, so spricht Gott sein Ja, so stirbt unser Nein. So spricht Gott sein Ja, so stirbt unser Nein.« Situationen des Alltags als Fragen nach dem Sinn unseres Lebens, unserer Liebe und unseres Leids werden gelöst im christlichen Glauben als Miteinander, Aneinander und Füreinander. Unser vollwertiges Menschsein (Moll) bekommt im Refrain (Dur) eine neue Deutung: Gott spricht zu uns sein Ja in Jesus Christus und durch die Geschwister mitten in unserem Leben: »Planen und Bauen, Neuland begehn, für einander glauben und sich verstehn. Leben für viele, Brot sein und Wein, so spricht Gott sein Ja, so stirbt unser Nein. So spricht Gott sein Ja, so stirbt unser. Nein.«

Glaubwürdig

Die Einheit der Glaubenden im Miteinander ist die unabdingbare Voraussetzung für die Glaubwürdigkeit der Botschaft. Aneinander Glauben: Hier sind Christinnen und Christen gemeint, gleich, woher sie kommen und wohin sie gehen; gleich, wer sie sind und welche Sprache sie sprechen; gleich, was sie denken und meinen, tun zu müssen. Uneinigkeit in all ihren Äußerungsformen von Rücksichtslosigkeit, Egoismus, Rechthaberei und Lieblosigkeit übt vor der Weltöffentlichkeit eine lähmende Wirkung auf die Überzeugungskraft der Verkündigung aus. Vielleicht müssen wir diese »corporate identity«, diese Begeisterung für die gemeinsame Sache Gottes in Jesus Christus, wieder neu lernen über alle Grenzen der Länder und Völker hinweg und gegen alle Konflikte zwischen Jung und Alt, Arm und Reich, Frau und Mann: Füreinander glauben! Gottes Ja wird des Menschen Ja als Vertrauen, Lebensbejahung und Beziehungsfähigkeit. Gottes Ja wird des Menschen Ja als Glaube, Hoffnung und Liebe!

Schöpfung

462 Tanzen, ja tanzen wollen wir

Text: Lothar Zenetti (*1926)
Melodie: Norbert Caspers 1988

Auf Reisen

»Tanzen, ja tanzen wollen wir und springen, tanzen vor dem Herrn. Tanzen, ja tanzen wollen wir und springen, denn uns, seine Kinder hast er gern.« Ein Liedtext von Lothar Zenetti (*1926). Er war Seminarist im Stacheldrahtseminar von Chartre, welches zwischen 1945 und 1947 von Abbé Franz Stock (1904–1948) als Regens geleitet wurde, und ab 1962 Stadtjugendpfarrer in Frankfurt, dann Pfarrer der Sankt-Wendel-Gemeinde in Sachsenhausen. Weiter im Liedtext: »Sterne wandern ihre Bahn, sie stehen nicht still, sie kreisen; und schaust du dir die Wolken an, auch sie sind stets auf Reisen.« Ein Lied, so richtig gemacht für Ferien und Urlaub.

Muße und Kult

Josef Pieper (1904–1997) philosophiert: Muße schließt »ein feiernd zustimmendes Verweilen des inneren Blickes auf der Schöpfungswirklichkeit in sich«. (Muße und Kult, München 1948, 55). Was ist gemeint? F e s t e feiern, nicht unbedingt feste f e i e r n, bestimmte Tage, Anlässe zwischen Geburt und Tod bringen Rückschau: »Wie war ich?« Und Vorschau: »Wie geht es weiter?« – Z u s t i m m e n d e s, Zustimmung, positiv werden, als Christin und Christ Optimist sein, das Leben bejahen

heißt, Vorurteile abbauen und bewusst und ohne Krampf das andere tun, »mal Pause machen« und die Zeit nutzen. »Vögel ziehen durch die Luft, auch Schmetterling und Fliegen, und Bienen suchen nach dem Duft, in dem sich die Blumen wiegen.« Carpe diem, d.h. pflücke den Tag – nütze die Zeit! V e r w e i l e n meint, richtigen Umgang ›mit Gott und der Welt‹ zu haben und so in Staunen, Ehrfurcht, Bewunderung, Geduld und Zärtlichkeit ein Verhältnis mit der Wirklichkeit einzugehen
.

Lob und Dank

»Fische tummeln sich im See und Schwäne ziehen Kreise; ein jedes Tier, ob Hund, ob Reh, das regt sich auf seine Weise.« Norbert Caspers (*1954), Theologe und Kirchenmusiker, jetzt Pastoralreferent in der katholischen Kirchengemeinde Wipperfürth, hat 1988 die Melodie, ja den Tanz angeregt und komponiert. 2014 hat das Lied in seinem Kindermusical ›David und Jonathan‹ Aufnahme gefunden. Mir hat der Kehrvers »Tanzen, ja Tanzen wollen wir…« am besten gefallen, aber auch die Melodie der Strophen lässt mich befreiend durchatmen: »Gott ließ die ganze Welt sich drehn, ihm Lob und Dank zu zeigen. Und auch im Himmel sollt ihr sehen, da tanzen die Engel Reigen.« Wohin geht denn eigentlich die Reise meines Lebens? Jetzt mitnehmen, was nur irgendwie geht? Was dann kommt, darüber kann ich ja später noch nachdenken. Später – wieso eigentlich später? So gehört zu Fest und Feier, Muße und Kult (Pieper) die Botschaft der alten Sonnenuhr am ehemaligen Kloster Cluny in Burgund: »Ex iis una cave«, »Eine aus – von diesen Stunden ist deine. Pass auf, sei auf der Hut!« Werden wir uns der Würde als Mensch und Christ bewusst! Setzen wir immer wieder durch Freizeit und Feier, Muße und Kult mit der werktäglichen Arbeit aus! Haben wir Zeit – als modernes Zeichen von Liebe in Gemeinde und Lebenswelt. »Tanzen, ja tanzen wollen wir und springen, tanzen vor dem Herrn.«

Schöpfung

465 Das Jahr steht auf der Höhe

Text: Detlev Block 1978/2012
Melodie: Johann Steurlein 1575, geistlich Nürnberg 1581

»Schenk uns deine Nähe«

In vielen Kulturen sind Bräuche und Riten mit dem Beginn des Sommers verbunden, zum Beispiel das Johannesfeuer. Am 21. Juni war der längste Tag des Jahres, die Sommersonnenwende. Der Johannestag am 24. Juni ist der Gedenktag der Geburt Johannes‹ des Täufers. Daran mag der Dichter gedacht haben, als er schrieb: »Das Jahr steht auf der Höhe, die große Waage ruht.« Jahresmitte und Waage? Zwischen dem Auf und ab der beiden Waagschalen gibt es einen Punkt des Gleichgewichts. Wir werden erinnert, im Heute zu leben: »Nun schenk uns deine Nähe und mach die Mitte gut. Herr, zwischen Blühn und Reifen und Ende und Beginn. Lass uns dein Wort ergreifen und wachsen auf dich hin.« Detlev Block (*1934) ist nicht nur evangelischer Pfarrer, sondern auch Schriftsteller, Lyriker und Kirchenlieddichter. Manche seiner Lieder sind im Evangelischen Gesangbuch, unser »Lied des Monats« im Gotteslob 465 zu finden.

»mit deiner Liebe Macht«

»Kaum ist der Tag am längsten, wächst wiederum die Nacht. Begegne unsren Ängsten mit deiner Liebe Macht.« Ich höre das Gottvertrauen mit der Frage nach dem Sinn des Lebens, der Liebe, des Leids, der

Krankheit, des Alters und des Todes: »Das Dunkle und das Helle, der Schmerz, das Glücklichsein, nimmt alles seine Stelle in deiner Führung ein.« Wohin geht eigentlich die Reise meines Lebens? Jetzt mitnehmen, was nur irgendwie geht. Was dann kommt, darüber kann ich ja später noch nachdenken. Später, wieso eigentlich später? Der Dichter mahnt: »Das Jahr lehrt Abschied nehmen, schon jetzt zur halben Zeit. Wir sollen uns nicht grämen, nur wach sein und bereit, die Tage loszulassen und was vergänglich ist, das Ziel ins Auge fassen, das du, Herr, selber bist.« Für mich gehört zu Fest und Feier, Muße und Kult (J.Pieper) die Botschaft der alten Sonnenuhr am ehemaligen Kloster Cluny in Burgund: »ex iis una cave«, »Eine aus – von diesen Stunden ist deine. Pass auf, sei auf der Hut!«

»das jeder zu dir findet«

Ich meine, dass die Melodie des evangelischen Dichters und Komponisten, Johann Steurlein, (1546–1613), der Bürgermeister in Meiningen war, von Detlev Block gut ausgewählt ist. »Wie lieblich ist der Maien, aus lauter Gottesgüt« und »Das alte Jahr vergangen ist« sind weitere Lieder von Johann Steurlein. Die letzte Strophe unseres Monatsliedes erinnert an Johannes den Täufer: »Du wächst und bleibst für immer, doch unsre Zeit nimmt ab. Dein Tun hat Morgenschimmer, das unsre sinkt ins Grab.« Der Dichter bleibt nicht bei dieser Melancholie. Fern ab von allem Pessimismus, singen wir: »Gib, eh die Sonne schwindet, der äußre Mensch vergeht, dass jeder zu dir findet und durch dich aufersteht.« Dazu wünsche ich Vertrauen, Lebensbejahung und Beziehungsfähigkeit!

Schöpfung

466 Herr, dich loben die Geschöpfe

Text: Franz von Assisi, Sonnengesang 1225 / Kurt Rose 1991/92
Melodie: GGB (Gemeinsames Gebet- und Gesangbuch) 2010 nach Friedrich Filitz 1847

Sonnengesang

Der eigentliche Sänger dieses neuen Liedes von der Schönheit der Welt ist Franziskus von Assisi. Er dichtete »Il Cantico di Frate Sole« – das Lied von Schwester Sonne am Ende seines Lebens 1224/25, als er schwer krank in San Damiano bei Assisi lag. Noch heute ist der aus einer Kapelle und dem Kloster bestehende Gebäudekomplex weitgehend ursprünglich erhalten. Er diente schon damals als Rückzugsort aus dem lebhaften Assisi. Der »Cantico delle Creature« – das Lied der Geschöpfe – umfasst neun ursprüngliche Strophen. Die Friedensstrophe wurde etwas später angefügt. Die Todesstrophe ist wahrscheinlich von Franziskus erst kurz vor seinem Tod verfasst worden. Das (neue) Gotteslob enthält den Originaltext Nr. 559 beziehungsweise Nr. 19,2 und die Paraphrase von Kurt Rose Nr. 466. Leider ist der Bestseller »Laudato si, o mio Signor«, übersetzt und erweitert von Winfried Pilz, nicht im (neuen) Gotteslob, wohl aber im Evangelischen Gesangbuch Nr. 515 enthalten.

Paraphrase

Zu den Gestirnen Sonne, Mond und Sterne mit den Elementen Feuer, Wasser, Luft und Erde fügt Kurt Rose die Koordinaten von Raum und

Zeit allen Lebens in Gottes Schöpfung neu hinzu: »Herr, dich loben die Geschöpfe, dich, Gott, loben Raum und Zeit. Sieh, die edle Schwester Sonne lobt mit ihrer Herrlichkeit, diesem Abbild deines Lichts – alle Schöpfung lobt den Herrn.« So beginnt die Paraphrase, beginnen die eigenen Worte des Lehrers und Schriftstellers Kurt Rose (1908–1999). Er ist Textautor vieler neuer geistlicher Lieder und hat dieses Lied für eine Ausschreibung der Gesangbuchkommission für das Reformierte Gesangbuch der Schweiz 1991/92 gedichtet. Der originale Spannungsbogen des Sonnengesangs ist beibehalten. Fast wortgetreu werden die preisenden Gedanken des Franziskus übertragen. Aus ursprünglich neun Strophen werden fünf Strophen. »Und die schöne Schwester Wasser lobt mit Regen, Strom und Quelle. Stark ist unser Bruder Feuer, macht das Haus uns warm und hell, preist dich Gott, mit seinem Glanz – alle Schöpfung lobt den Herrn.«

Ökumene

Die Melodie stammt aus einer Choralsammlung des deutschen evangelischen Kirchenmusikers Friedrich Filitz (1804–1876). Interessant ist, dass diese schwungvolle Melodie in die anglikanische Kirchenmusik übernommen wurde. Sogar bei der Trauung von britischen Royals in der Westminster Abbey ist diese Melodie schon erklungen. So verbindet der Schöpfungsglaube nicht nur Konfessionen, sondern auch Religionen. Besonders die letzte Strophe trifft die franziskanische Spiritualität als Solidarität mit den Entrechteten, in der Ablehnung von Privilegien und der Armut aus der Motivation von Krippe und Kreuz. Der Sänger eines neuen Liedes von der Schönheit der Welt singt: »Lob dir von den Friedensstiftern, die ertragen Schimpf und Not, Lob, sei Gott, dir auch am Ende durch den guten Bruder Tod, dem kein Leib entgehen kann. – Alle Schöpfung lobt den Herrn.«

Gerechtigkeit und Friede

470 Wenn das Brot, das wir teilen

Text: Claus-Peter März 1981 (1985)
Melodie: Kurt Grahl 1981 (1985)

Barmherzigkeit

»Über Jahrhunderte hinweg galt und gilt die helfende Tat des Mannes aus Samaria, der den unter die Räuber gefallenen Israeliten an der Straße von Jerusalem nach Jericho in die pflegende Obhut eines Wirtes übergibt, dafür noch die Kosten übernimmt und danach seines Weges geht, als Prototyp einer sozialen Helferbeziehung: spontan, ohne Wenn und Aber, aber aus purem Mitleid, uneigennützig allein schon aus Sorge um das Wohl des Hilfsbedürftigen (Lob-Hüdepohl, A., Spiritualität in der sozialen Arbeit, Freiburg 2003).« Mir fällt dazu das bekannte Elisabethlied: »Wenn das Brot, das wir teilen, als Rose blüht« ein. Entstanden anlässlich der Feiern zum 750. Todestag im Jahre 1981 spielt es in der ersten Strophe auf das Rosenwunder an: »…und das Wort, das wir sprechen, als Lied erklingt, dann hat Gott unter uns schon sein Haus gebaut, dann wohnt er schon in unserer Welt. Ja dann schauen wir heut schon sein Angesicht in der Liebe, dic alles umfängt.« Claus-Peter März (*1947) war Neutestamentler in Erfurt mit dem Schwerpunkt Lukas. Als Textautor wurde er durch seine Zusammenarbeit mit dem Kirchenmusiker und Komponist Kurt Grahl (*1947), 40 Jahre in St. Trinitatis in Leipzig, bekannt.

Christlicher Dienst

Vielleicht kennen Sie auch den »besseren barmherzigen Samaritan«, der sich wie üblich um den Verletzten kümmert. Er bleibt in der Wüste, um das Räubernest auszuspionieren. »Als er über seinen 2333. Verwundeten stolperte, war ihm nämlich plötzlich die Erleuchtung gekommen…, dass es eine bessere Qualität von Barmherzigkeit sei, sich vorsorglich, und zwar resolut mit dem Räubernest zu befassen, statt nachträglich Heftpflaster auszuteilen. Er merkte sich das Rezept. Und war von da ab mit immer weniger Arbeit ein immer besserer und noch besserer barmherziger Samaritan« (Schnydrig, E., »So gute Augen für Zachäus«, Frankfurt 1977). So spielen die Option für die Armen und die Hilfe auf Augenhöhe auch im Lied die Helferrolle: »Wenn das Leid jedes Armen uns Christus zeigt, und die Not, die wir lindern, zur Freude wird, dann hat Gott unter uns… Wenn die Hand, die wir halten, uns selber hält, und das Kleid, das wir schenken, auch uns bedeckt, dann hat Gott unter uns…«

Barmherzig wie der Vater

2016 beging die christliche Kirche katholischer Prägung ein »Jubiläum der Barmherzigkeit« zum 50. Jahrestag des II. Vatikanischen Konzils. Logo und Motto »Barmherzig wie der Vater« (Lukas 6,36) laden ein. diese Barmherzigkeit nach dem Beispiel des Vaters zu leben. Es zeigt in der Tat den Sohn, der sich den verlorenen Menschen auf die Schultern lädt. Als Guter Hirt trägt er die Menschheit mit außerordentlicher Barmherzigkeit auf den Schultern und seine Augen verbinden sich mit denen des Menschen. Christus sieht, mit dem Auge Adams, und dieser mit dem Auge Christi. So heißt es im Lied: »Wenn der Trost, den wir geben, uns weiter trägt, und der Schmerz, den wir teilen zur Hoffnung wird, dann hat Gott… / Wenn das Leid, das wir tragen, den Weg uns weist, und der Tod, den wir sterben, vom Leben singt, dann hat Gott unter uns schon sein Haus gebaut…« Jede Zeile beginnt mit aufwärts steigenden Tönen. Durch den Wechsel von Achteln und Vierteln erhält das einen fast tänzelnden Charakter. Ein Stück Sehnsucht klingt kurz bis zum höchsten Ton in der zweiten Zeile, bekräftigt im Refrain mit der Schlussfolgerung: »Dann hat Gott unter uns schon sein Haus gebaut, dann wohnt er schon in unserer Welt. Ja, dann schauen wir heut schon sein Angesicht, in der Liebe, die alles umfängt.«

Kirche – Ökumene

477 Gott ruft sein Volk zusammen

Text: Friedrich Dörr (1972) 1975/GL 1994
Melodie: Genf (1539) 1542

Guter Hirt – damals

Orientalisches und griechisches Denken prägen die Bildworte vom Hirten und seiner Herde (Johannes 10,1-39). Mose und Aaron sowie David sind gute Hirten, die das Volk weideten. Als »guter Hirt« wird Gott, der Herr, selbst aktiv. »Wie ein Hirt sich um die Tiere seiner Herde kümmert an dem Tag, an dem er mitten unter den Schafen ist, die sich verirrt haben, so kümmere ich mich um meine Schafe und hole sie zurück… (Ez 34,11).« Der Priester, Lieddichter und Professor für Systematische Theologie in Eichstätt (1945–1979), Friedrich Dörr (1908–1993), dichtet: »Gott ruft sein Volk zusammen rings auf dem Erdenrund, eint uns in Christi Namen zu einem neuen Bund. Wir sind des Herrn Gemeinde und feiern seinen Tod, in uns lebt, der uns einte, er bricht mit uns das Brot.« In der neutestamentlichen Aussage identifiziert sich Jesus selber mit dem »guten Hirten«. Dieses Anspruchswort gehört zu den vielen »Ich bin« – Aussagen des Johannes-Evangeliums.

Guter Hirt – heute

Auf dem Land weiß man einen Bauern zu schätzen, der sein Vieh zu pflegen versteht. Auch Städter schauen interessiert auf Tierpflegerinnen und -pfleger unserer Zoologischen Gärten, die paradiesische Ahnungen

wecken können. Was bedeutet es heute, von einem zu wissen, dem ich mein Leben ohne Rückhalt anvertrauen, dessen Ruf ich ohne Zögern folgen, dessen Wort ich für verbindlich und verlässlich nehmen darf? Immerhin geht es um Jesus, der wie kein anderer vor ihm beauftragt und vollendet wurde. Sein Jünger zu werden bedeutet, ihn in Person als die Tür, als Zugang zu Gott zu erkennen. Eine doppelte Beziehung vom Vater zu Jesus und von Jesus zu den Seinen heißt Vermittlung und Offenbarung. Gott wird in Jesu Sterben und Auferstehung wirksam. Bei Friedrich Dörr heißt es weiter: »In göttlichem Erbarmen liebt Christus alle gleich, die Reichen und die Armen beruft er in sein Reich. Als Schwestern und als Brüder sind wir uns nicht mehr fern: ein Leib und viele Glieder in Christus, unserm Herrn.« Die Melodie stammt vom Genfer Psalter. Der Reformator französischer Abstammung Jean Calvin (1509–1564), der die Gattung des Psalmliedes in Strassburg kennen gelernt hatte, gab dort 1539 eine Sammlung von Psalmliedern des französischen Dichters Clement Marot (1496–1544) und eigenen Dichtungen heraus. Calvin forderte »poids et majesté« (Gravität und Majestät) in der Musik. So ist auch unsere Melodie einfach und schlicht, sowohl in der Rhythmik als auch in der Melodieführung. Der Dreierrhythmus (Tanz) war ebenso verboten wie auch die Punktierung. Durch schlichte vierstimmige Chorsätze von Claude Goudimel, französischer Komponist der Renaissance (1514-–1572), bei denen der Tenor den Cantus Firmus übernahm, erreichte der Genfer Psalter große Verbreitung.

Guter Hirt – Morgen

»Neu schafft des Geistes Wehen das Angesicht der Welt und lässt ein Volk erstehen, das er sich auserwählt. Hilf, Gott, das einig werde dein Volk in dieser Zeit: ein Hirt und eine Herde, vereint in Ewigkeit.« Das Motiv vertrauensvoller Verbundenheit war orientalisches und griechisches Denken und gehört zur Missionstätigkeit der frühen Kirche. Ihr Ziel ist bis heute: E i n Hirt und e i n e Herde! Dabei ist die Gemeinde keine Herde, die in Schafsgeduld erträgt, was man ihr zumutet. Wie hieß es doch: »Einem Fremden aber werden sie nicht folgen, sondern sie werden vor ihm fliehen, weil sie die Stimme des Fremden nicht kennen (Jh 10,5).« Muss eine Gemeinde nicht in Zukunft auch prüfen, ob sie die Leitung hat, die sie braucht? Genügt es, wenn der Bischof sich darum Sorgen macht?

Taufe

490 Segne dieses Kind und hilf uns, ihm zu helfen

Text: Lothar Zenetti 1971
Melodie: Michael Schütz 1993

...und er stellte ein Kind in ihre Mitte

Schon im ›alten‹ Gotteslob ist »Segne dieses Kind und hilf uns, ihm zu helfen« zu finden. 1971 anspruchsvoll vertont von der Kirchenmusikerin Erna Woll (1917 – 2005). «Segne dieses Kind und hilf uns, ihm zu helfen, dass es sehen lernt mit seinen eignen Augen das Gesicht seiner Mutter und die Farben der Blumen und den Schnee auf den Bergen und das Land der Verheißung.« Diese Dichtung stammt von Lothar Zenetti (*6.2.1926 in Frankfurt/Main). Er war Seminarist im Stacheldrahtseminar von Chartre, welches zwischen 1945 und 1947 von Abbé Franz Stock (1904–1948) als Regens geleitet wurde, und ab1962 Stadtjugendpfarrer in Frankfurt, dann Pfarrer der Sankt-Wendel-Gemeinde in Sachsenhausen. Sehen, Hören, Greifen, Reden, Gehen und Lieben sind die Stichworte Lothar Zenettis: »Segne dieses Kind und hilf uns, ihm helfen, dass es hören lernt mit seinen eignen Ohren, auf den Klang seines Namens, auf die Wahrheit der Weisen, auf die Sprache der Liebe und das Wort der Verheißung.«

…wer einen von diesen Kleinen zum Bösen verführt (Markus 9,42)

Politikerinnen und Politiker fordern ein Netzwerk von Hebammen, von Lehrerinnen und Lehrern, von Mitarbeiterinnen und Mitarbeitern der Jugendämter, von Erzieherinnen und Erziehern der Tageseinrichtungen für Kinder, die immer wieder versuchen herauszufinden, wann unsere Kinder in Not geraten. Wir brauchen eine Kultur des Hinsehens (Angela Merkel). Die übergroße Zahl der Eltern kümmert sich um ihre Kinder liebevoll und fürsorglich. Aber es kommt immer wieder zu Vernachlässigung, Gewalt und Missbrauch. »Segne dieses Kind und hilf uns, ihm zu helfen, dass es greifen lernt mit seinen eignen Händen, nach der Hand seiner Freunde, nach Maschinen und Plänen, nach dem Brot und den Trauben und dem Land der Verheißung.« Michael Schütz (*1963 in Karlsruhe) studierte von 1983 bis 1990 an der Evangelischen Hochschule für Kirchenmusik in Esslingen. Von 1998 bis 2014 war er Dozent für Popularmusik an der Hochschule für Kirchenmusik Tübingen, seit 2010 ist er Kantor an der Trinitatiskirche in Berlin-Charlottenburg und lehrt Popularmusik an der Universität der Künste Berlin. »Segne dieses Kind und hilf uns, ihm zu helfen, dass es reden lernt mit seinen eignen Lippen von den Freuden und Sorgen, von den Fragen der Menschen, von den Wundern des Lebens und dem Wort der Verheißung.«

Lasst die Kinder zu mir kommen

Wir brauchen mehr Bewusstsein, gesegnet zu sein, um dann selber zu segnen. Wichtig erscheinen mir einfache oder komplexe Zeichen wie Gestus, Gebärde und Ritus ebenso wie die ›gegebene Zeit und der rechte Ort‹ als Erspüren der Situation. Biblische Segensworte verbinden die christlichen Konfessionen und verweisen auf die Lebensgemeinschaft christlicher Kirchen mit dem jüdischen Volk. Jedenfalls geht es im christlichen Bereich um den Segen Gottes in Jesus Christus, in seinem Tod und in seiner Auferstehung. Damit ist Segnen nicht Magie, legitimiert auch nicht Herrschaft und erst recht nicht Waffen und Krieg, sondern bejaht unser natürliches Dasein und unterstellt es der Fürsorge Gottes für seine Geschöpfe. »Segne dieses Kind und hilf uns, ihm zu helfen, dass es gehen lernt mit seinen eignen Füßen auf den Straßen der Erde, auf mühsamen Treppen, auf den Wegen des Friedens in das Land der Verheißung.« Nicht unbedacht heißt Lothar Zenettis letzte Strophe: »Segne dieses Kind und hilf uns, ihm, zu helfen, dass es lieben lernt mit seinem ganzen Herzen.«

Tod und Vollendung

500 Nun lässest du, o Herr

Text: Georg Thurmair (1966) 1967 nach Lukas 2,29-32 (Nunc dimittis)
Melodie: GGB 2010 nach Ottawa 1994

Meine Augen haben das Heil gesehen (Lukas 2,30)

Im Evangelium zum Fest der Heiligen Familie (Lesejahr B) kommt das (vor)lukanische Kindheitsevangelium mit dem Besuch des Kindes im Tempel zum Ziel (Darstellung des Herrn). Die Geburt eines jüdischen Kindes war erst mit einem besonderen Ritus im Tempel abgeschlossen. Statt ein Lamm zu opfern, genügte für Arme auch eine Taube. Simeon und Hanna sind die Repräsentanten des auf den Messias wartenden Israel. Mit Gottes Geistesgegenwart spricht Simeon das Abendgebet seines Lebens, bis heute Bestandteil des Abendgebetes der Kirche, der Komplet. In der Fassung von Georg Thurmair 1966 hört sich das so an: »Nun lässest du, o Herr, mich aus der Welt Beschwer in deinem Frieden gehen, lässt hier und allerort getreu nach deinem Wort Barmherzigkeit geschehen.« Das Lied passt zum Hochfest »Darstellung des Herrn« (vgl. Gotteslob 374, »Volk Gottes, zünde Lichter an«). Bearbeitet ist das Lied in einer Arbeitsgemeinschaft der Unterkommission GGB im Jahr 2010. Die Melodie stammt aus dem Gesangbuch des Bistums Ottawa 1994.

...das Heil uns zu bereiten

Der Schriftsteller und Journalist Georg Thurmair (* 1909 in München + 1984 in München) war Chefredakteur der »Münchener Katholischen Kirchenzeitung«. Er gab mit Josef Diewald und Adolf Lohmann 1938, 1948 und 1962 das Gesangbuch Kirchenlied I und Kirchenlied II (1967) heraus und war mit 19 Liedern im Gotteslob 1975 vertreten. Im Neuen Gotteslob ist er mit 12 Liedern nach wie vor präsent. Georg Thurmair dichtet in Jamben, wobei unbetonte und betonte Silben wechseln. Mit seine Worten hören wir Simeon: »Denn meine Augen sahn, was deine Huld getan, das Heil uns zu bereiten. Vor aller Angesicht kam nun das wahre Licht, die Völker zu geleiten.« Im Unterschied zum Magnifikat der Maria und dem Benediktus des Zacharias ist hier von der Bedeutung des Kindes für die Heiden die Rede. Maria und Joseph wundern sich. Als Kinder ihrer Zeit erwarten auch sie einen Messias mit Macht und Herrlichkeit. Aber ihr Weg mit Jesus wie auch die Weggemeinschaft des Messias mit den Glaubenden führt erst durch Leiden in die Herrlichkeit.

...dich, Höchster, zu erkennen

»Ein Licht, das aller Nacht Erleuchtung uns gebracht, dich, Höchster, zu erkennen, des große Wundertat dein Volk gewürdigt hat, dich seinen Herrn zu nennen.« Die vielen Menschen im Tempel hasten vorüber und spüren nichts, aber Simeon erlebt den Höhepunkt seines Lebens. Er hat das Jesuskind auf seine Arme genommen und lobt Gott aus der Tiefe seines Herzens. Simeon segnet die Mutter des Kindes und gibt ihr ein rätselhaftes Wort mit auf den Weg (Luk.2, 34 f.): »Dieser ist dazu bestimmt, dass in Israel viele durch ihn zu Fall kommen und viele aufgerichtet werden...Dir selbst aber wird ein Schwert durch die Seele dringen.« Gottes Geist weiß, was Israel nicht wahrhaben will: Gott schickt einen Messias, der das Kreuz und die Auferstehung vor sich hat. Auch Hanna, die sich ständig im Tempelbezirk aufhielt, spürt Großes. »In diesem Augenblick nun trat sie hinzu, pries Gott und sprach über das Kind zu allen, die auf die Erlösung Jerusalems warteten.«(Luk. 2,38) Jede Gemeinde ist eine Chance, Ältere und Jüngere miteinander ins Gespräch zu bringen und offene Räume zu schaffen, die die Begegnung ermöglichen, Jesus Christus unseren Herrn zu nennen.

Tod und Vollendung

508 Herr, lehre uns, dass wir sterben müssen

Text: Lothar Petzold 1973
Melodie: Gerhard Schnitzer 2002

...dass wir sterben müssen

»Der ewige Gott – der vergängliche Mensch« – so lautet die Überschrift des 90. Psalms. Mein Lieblingsvers: »Unser Leben währt siebzig Jahre, und wenn es hoch kommt, sind es achtzig.« (Psalm 90, 10). Wir singen: »Herr, lehre uns, dass wir sterben müssen, dass Brücken brechen, denen wir vertraut; und weise uns, eh wir gehen müssen, zum Leben die Brücke, die du uns gebaut.« Der Dichter dachte wohl an den zwölften Vers: »Unsere Tage zu zählen, lehre uns!« Lothar Petzold (*1938), dessen Lied sowohl im Gotteslob (Nr. 508) unter »Tod und Vollendung« als auch im Evangelischen Gesangbuch (Nr. 534) unter »Sterben und ewiges Leben« aufgenommen ist, war evangelischer Pfarrer in Torgau/Elbe und Berlin. Die Fassung im Gotteslob ist vertont von Gerhard Schnitter (*1939), einem der einflussreichsten Komponisten des Neuen Geistlichen Liedes. Den Dichter interessiert der eigene Untergang auf dieser Welt. Wenn auch angesichts des Todes das Rätsel menschlichen Daseins am größten wird, so lehnen wir Menschen doch die völlige Zerstörung und den endgültigen Untergang mit Entsetzen ab. Jedem, der ernsthaft nachdenkt, bietet der Glaube an die Auferstehung eine

Antwort auf seine Angst vor der Zukunft. Hier der Glaube des Dichters:

Sterben als Brücke

»Herr, halte uns, wenn wir haltlos werden, wenn Stärke schwach wird und das Große klein. Und zeige uns, eh wir bitter werden, dein Sterben als Brücke ins Leben hinein.« Aber wie ist die Realität? Werden nicht Sterben und Tod verdrängt, geraten nicht Betroffene ins Abseits, werden die Sterbenden nicht vielmehr totgeschwiegen und die ihnen Nahestehenden gemieden? Wer wünscht sich nicht, in vertrauter Umgebung und behüteter Atmosphäre, wenn möglich zu Hause, sterben zu können? Aber in unserem Land stirbt der größte Teil der Bevölkerung im Krankenhaus, weitaus weniger in Alten- und Pflegeheimen und nur ein geringer Teil zu Hause. Vielleicht lautet die entscheidende Frage auch nicht, wo der Mensch stirbt, sondern wie er stirbt und ob ihm dabei nötige Hilfe und menschliche Nähe zuteil werden!

Das Ende der Welt

Über den Weltuntergang mache ich mir keine Sorgen. Ich werde das Ende der Welt nicht mehr erleben. Vielmehr interessiert mich mein eigener Untergang auf dieser Welt. Schritt für Schritt komme ich ihm näher. So interessiert mich meine Sonne, die sich verfinstert, mein Mond, der zu scheinen aufhört, mich interessieren meine Sterne, die vom Himmel fallen, die Kräfte meines Himmels, die erschüttert werden. Hinzu kommen meine Weltuntergänge im Kleinen, zum Beispiel wenn Menschen mich enttäuscht haben, wenn die Hoffnung auf eine erfüllte Liebe zerbricht, wenn Krankheit, Leiden und Tod unser Leben überschatten. Deshalb dichtet Lothar Petzold: »Herr, sei bei uns, wenn wir sterben müssen, wenn Brücken brechen und wenn wir vergehn. Herr, schweige nicht, wenn wir schweigen müssen; sei selber die Brücke und lass uns bestehn.«

Maria

528 Ein Bote kommt, der Heil verheißt

Text: Peter Gerloff 2010
Melodie: Wittenberg 1529

Gotteslob, neu?

Siebzehn Lieder im Stammteil zur Marienverehrung; das (neue) Gotteslob hat als bekannteste Marienlieder »Segne du, Maria« und »Meerstern, ich dich grüße«. Nur ein einziges neues Lied hat hineingefunden: »Ein Bote kommt, der Heil verheißt« (Nr. 528). Mit der Melodie aus Wittenberg von 1529 wird es unsere Herzen nicht im Sturm erobern! Wittenberg 1529 erinnert mich an ein Porträt Martin Luthers (1483–1546) von Lucas Cranach dem Älteren. Luther war selbst ein geübter Sänger, Lautenspieler und Liedkomponist. Die Melodie des Liedes könnte von ihm sein! Peter Gerloff dichtet: »Ein Bote kommt, der Heil verheißt und nie Gehörtes kündet. Die neue Welt aus Gottes Geist wird in der Welt gegründet. Gott selber kommt den Menschen nah; Maria aber gibt ihr Ja. Das Wort wird unser Bruder.« Peter Gerloff, Jahrgang 1957, ist katholischer Pfarrer in Bad Nenndorf und Texter und Komponist von Kirchenliedern. Er war 1984 ordinierter evangelischer Pfarrer, ist seit 1982 verheiratet, Vater dreier Kinder und konvertierte 1990. Fünf Jahre später wurde er im Hildesheimer Dom zum Priester geweiht. Sechs Lieder sind im Stammteil von ihm zu finden (103, 325, 363, 374, 504, und unser Lied 528).

Gott teilt mit uns

»Durch die Botschaft des Engels haben wir die Menschwerdung Christi, deines Sohnes erkannt.« »Der Engel des Herrn« sieht die Botschaft des Engels Gabriel (›meine Kraft ist Gott‹) auf Jesus Christus bezogen. Nach franziskanischer Tradition erinnert das Läuten der Angelusglocke an die Auferstehung (morgens), an das Kreuzesleiden (mittags) und an die Menschwerdung Jesus Christi (abends). Der Dichter zeigt das Leben Jesu in göttlichem Licht: Das helle Licht der Ewigkeit trifft unsre Dunkelheiten. Ein Augenblick der Erdenzeit wird Angelpunkt der Zeiten. Gott teilt mit uns ein Menschenlos vom ersten Tag im Mutterschoß bis in die Nacht des Todes.« Hier werden Licht und Dunkel, Augenblick und Ewigkeit, Leben und Tod in Einklang gebracht: »Gott teilt mit uns ein Menschenlos«. Präsenz und Gegenwart prägen den »Angelpunkt der Zeiten« und rechnen die Zeit christlich.

Das Ja Marias

»Maria, du hast Ja gesagt zu Gottes Ruf und Gnade. Den ganzen Weg hast du gewagt; begleite unsre Pfade, dass ihn, den du empfangen hast, auch unser Herz mit Freude fasst und Raum gibt seiner Liebe.« Der Gedenktag unserer lieben Frau vom Rosenkranz (7. Oktober) und das Fest der Mutter vom Guten Rat (11. Oktober) prägen den Oktober. Zwei Züge im Leben Marias sind biblisch begründbar: Sie ist Mutter Jesu und dadurch Zeugin seines wahren Menschseins, aber auch seines göttlichen Ursprungs: Gottesgebärerin. Und sie ist Beispiel und Vorbild christlichen Glaubens. Wer den Frieden – Jesus Christus – in die Welt bringt, kann uns allen einen Rat geben, wie man Frieden erlangen und erhalten kann. Die Mutter Jesu weist den Weg, wenn sich alles im Kreis dreht. Sie gibt den besten Rat, den je eine(r) geben konnte: »Was er euch sagt, das tut.« (Johannes 2,5)

Maria

535 »Segne du, Maria, segne mich, dein Kind«

Text: Cordula (Peregrina) Wöhler <1870>
Melodie: Karl Kindsmüller 1916

Mein Lieblingslied

Welches ist Ihr Lieblingslied? »Segne du, Maria, segne mich, dein Kind« antwortet Joachim Kardinal Meisner (1933–2017), der mit mir gerne an Marienandachten im Mai und Oktober zurückdenkt. Er hat Recht, wenn er bei »Segne du, Maria« vom meistgewünschten Lied im Gotteslob spricht. In der Tat gab es 2002 eine breit angelegte Akzeptanzerhebung zum Gotteslob. Daraus geht hervor, dass auf der Wunschliste alter Lieder, die neu ins Gotteslob kommen sollten, an erster Stelle das Marienlied »Segne du, Maria« steht: »Segne du, Maria, segne mich, dein Kind, dass ich hier den Frieden, dort den Himmel find! Segne all mein Denken, segne all mein Tun, lass in deinem Segen Tag und Nacht mich ruh'n! Lass in deinem Segen Tag und Nacht mich ruhen!« Einfache Worte und eingängige Melodie: Im täglichen Leben brauchen wir die Hilfe und den Segen der Gottesmutter. Die Dichterin dieses ›Muttersegens‹ ist Kordula Wöhler mit dem Pseudonym Cordula Peregrina = Pilgerin. Geboren 1845 als Tochter eines protestantischen Theologen in Mecklenburg, wird sie gegen den Willen der Eltern 1870 katholisch. Kurz vor dieser Lebenswende entsteht auch unser Lied. Der am 9. April

1876 in Poikam a.d. Donau geborene katholische Priester Karl Kindsmüller war Kirchenmusiker. Er lehrte an der Regensburger Kirchenmusikschule (+1955 in Regensburg) und vertonte den ›Muttersegen‹ im Todesjahr der Dichterin (+6. Februar 1916).

Maria Gottesmutter

»Segne du, Maria, alle, die mir lieb, deinen Muttersegen ihnen täglich gib! Deine Mutterhände breit auf alle aus, segne alle Herzen, segne jedes Haus! Segne alle Herzen, segne jedes Haus!« Maria ist Mutter Jesu und dadurch Zeugin seines wahren Menschseins, aber auch seines göttlichen Ursprungs – Gottesgebärerin. Sie ist Beispiel und Vorbild christlichen Glaubens. Der Titel »Gottesmutter« ist eine wesentliche Bestimmung Marias. Im Glaubensbekenntnis der Christen heißt es: »Für uns Menschen und zu unserem Heil ist er (der Sohn Gottes) vom Himmel gekommen, hat Fleisch angenommen durch den Heiligen Geist von der Jungfrau Maria und ist Mensch geworden.« Dazu bietet Maria die menschliche Voraussetzung. Sie ist Garantin für das Zentralgeheimnis des Christentums: Jesus von Nazaret – »wahrer Gott und Mensch zugleich«.

Gesegnet sein, um selber zu segnen

»Segne du Maria, unsre letzte Stund! Süßes Trosteswort flüstre dann der Mund! Deine Hand, die linde, drück das Aug uns zu, bleib im Tod und Leben unser Segen du! Bleib im Tod und Leben unser Segen du!« Kardinal Meisner sagt: »Als ich Sterbenden beim Todeskampf beistand, haben diese gesagt: Singen Sie doch ›Segne du, Maria‹.« ›Segen‹ heißt »Gesegnet sein, um selber zu segnen«. Bis heute begleitet mich eine gewisse Scheu, in bestimmten Lebenssituationen unaufgefordert selber zu segnen. Wir brauchen mehr Bewusstsein, gesegnet zu sein, um dann selber zu segnen! Jedenfalls geht es im christlichen Bereich um den Segen Gottes in Jesus von Christus, in seinem Tod und in seiner Auferstehung. Damit ist Segnen nicht Magie, legitimiert auch nicht Herrschaft und erst recht nicht Waffen und Krieg, sondern bejaht unser natürliches Dasein als Fürsorge Gottes für seine Geschöpfe. Auch durch die Gottesmutter Maria.

Engel

539 Gott, aller Schöpfung heilger Herr

Text: Ernst Hofmann [1971] 1975
Melodie: Loys Bourgeois 1551

Rolle

Engel – eine Nebensache? Zwar nicht Glaubenszentrum, aber hoch im Kurs für Hilfsbereitschaft, zum Beispiel ›Gelber Engel‹ – trotz des ADAC – oder Schadensbewahrung, zum Beispiel ›Blauer Engel‹ für umweltfreundliche Produkte. Vom Judentum über den Islam bis hin zum Buddhismus erscheinen Engel. Unsterblich, von Gott geschaffen und den Menschen zur Seite gestellt, gehören die Engel zum Christentum. Dr. Ernst Hofmann (1904–1999), 1949 bis 1970 Stadtpfarrer in Stuttgart Herz-Jesu, dichtet: »Gott, aller Schöpfung, heilger Herr, zu deines Reiches Glanz und Ehr hast du der Engel Schar bestellt, für hohe Dienste sie erwählt.« Hofmanns Text war schon im alten Gotteslob 1975 und ist im Evangelischen Gesangbuch 1959 – also ein ökumenisches Lied – mit der Melodie des französischen Komponisten Louis Bourgeois von 1551 vertont. Dieser war Kantor und Lehrer an der Kathedrale Saint Pierre in Genf zur Zeit des evangelisch-reformierten Theologen Johannes Calvin und Mitarbeiter am Genfer Psalter.

Dienste

Unter den Engeln werden die Kerubim (beten, segnen) und die Serafim (Licht, brennen) besonders hervorgehoben. Am 29. September feiern wir das Fest der Erzengel Michael (Wer ist wie Gott?), Gabriel (Kraft Gottes) und Rafael (Gott heilt). Der Dichter drückt das so aus: »Sie stehen weit um deinen Thron, du bist ihr Leben, ihre Kron. Gewaltig ruft ihr strahlend – Herr: Wer ist wie Gott, wer ist wie er?« Mit Weisheit sind sie angetan: Sie brennen, leuchten, beten an. Ein großes Lob ertönt im Chor: »Ihr ›Heilig, heilig‹ steigt empor.« Im Alten Testament ist der Engel Gottes der hilfreiche Bote. Im Neuen Testament spielen die Engel ebenfalls eine Rolle. Neben dämonischen Mächten gibt es die guten Engel, die den Menschen helfen, sie führen und beschützen. »Du sendet sie als Boten aus: Dein Wort geht in die Welt hinaus. Groß ist in ihnen deine Kraft; dein Arm sind sie, der Wunder schafft.«

Schutzengel

Am Fest der Heiligen Schutzengel (2. Oktober) hören wir im Evangelium die Forderung Jesu, wir sollen wie die Kinder werden (Matthäus 18,1-5.10). Hier ist von den Kleinen die Rede, von den Schwachen, den Niedrigstehenden, den einfachen Menschen. Gott kümmert sich um sie. Mittler und Boten Gottes für jeden Menschen sind die Engel. Sie stehen in Gottes und der Menschen Dienst: Sie kämpfen wider Stolz und List, sie weisen, wo kein Ausweg ist, sie retten aus Gefahr und Not, was schwach ist und vom Feind bedroht. Aus Kindheitstagen kenne ich noch »Du, mein Schutzgeist Gottes Engel, weiche, weiche nicht von mir!« Gerne erinnere ich mich an den schwebenden Engel von Ernst Barlach in der Antoniterkirche in Köln. Erst recht erkenne ich die Engel in Dietrich Bonhoeffers »Von guten Mächten treu und still umgeben« (Gotteslob 430 – leider nicht die bekannte Melodie von Siegfried Fietz). Bleibt eigentlich nur noch, dem Wunsch von des Dichters Ernst Hofmann zuzustimmen: »Lass deine Engel bei uns sein; durch sie geleite Groß und Klein, bis wir mit ihnen dort im Licht einst stehen vor deinem Angesicht.«

Die himmlische Stadt

549 Es wird sein in den letzten Tagen

Text: Walter Schulz 1963/87, 1.und 2. Strophe: nach Micha 4,1-3
Melodie: Manfred Schlenker 1985

Weltuntergang?

Gibt man das Stichwort »Weltuntergang« ins Internet, findet man die Chronik der verpassten Weltuntergänge, angeführt von Jesus Christus selbst: »Amen, ich sage euch: Diese Generation wird nicht vergehen, bis das alles eintrifft (Markus 13,30).« Nach der Kunde von der Auferstehung ihres Herrn erwarteten die urchristlichen Gemeinden den Weltuntergang. Dazu passt unser Lied: »Es wird sein in den letzten Tagen, so hat es der Prophet gesehen, da wird Gottes Berg überragen alle anderen Berge und Höhn. Und die Völker werden kommen von Ost, West, Süd und Nord, die Gott Fernen und die Frommen. Zu fragen nach Gottes Wort.« Bei den Propheten Jesaja (2,1-5) und Micha (4,1-3) holte sich der Dichter Walter Schulz seine Grundlage für dieses Lied. Die erste Textfassung 1963 wurde 1987 einer Revision unterzogen. 1963 war Walter Schulz Landesjugendpastor der Evangelisch-Lutherischen Kirche von Mecklenburg. Manche Strophen haben ihre Grundlage aber auch in seiner Zeit als Marinesoldat im Zweiten Weltkrieg und anschließender amerikanischer Gefangenschaft. »Es wird sein in den letzten Tagen, so hat es der Prophet geschaut, da wird niemand Waffen mehr tragen, deren Stärke er lange vertraut.

Schwerter werden zu Pflugscharen, und Krieg lernt keiner mehr. Gott wird seine Welt bewahren vor Rüstung und Spieß und Speer.«

Schwerter zu Pflugscharen

1959 schenkte die damalige Sowjetunion den Vereinten Nationen (UNO) eine Bronzeskulptur, die das biblische Motiv darstellt. Sie wurde im Garten des UNO-Hauptgebäudes in New York City aufgestellt. Bekannter und medienwirksam war die Aktion des Pfarrers Friedrich Schorlemmer während eines evangelischen Kirchentages in Wittenberg auf dem Lutherhof am 24. September 1983. Der örtliche Schmied Stefan Nau schmiedete vor etwa 4000 Menschen ein Schwert zu einer Pflugschar um. Daraus entstanden der weit verbreitete Aufnäher der christlichen Friedensbewegung und wohl auch die überarbeitete Fassung unseres Liedes noch vor der Wende. Auch der Dichter Walter Schulz (1925–2000) hatte sich weiterentwickelt. Als Oberkirchenrat in Schwerin (1975–1990) war er Mitglied der Kommission für das Gemeinsame Gesangbuch der evangelischen Kirche (erschienen 1990). Der Kirchenmusiker Manfred Schlenker (*1926 in Berlin) komponierte 1985 die Melodie unseres Liedes. Fast leichtfüßig und beschwingt kommt unser Lied daher und erinnert in seinem h-Moll an jüdische Synagogalmusik, harmonisch und doch voller Leidenschaft und Sehnsucht (Bernadette Schmidt).

Heute mutig wagen

»Kann das Wort von den letzten Tagen aus einer längst vergangenen Zeit uns durch alle Finsternis tragen in die Gottesstadt, leuchtend und weit? Wenn wir heute mutig wagen, auf Jesu Weg zu gehen, werden wir in unseren Tagen den kommenden Frieden sehn.« Über den Weltuntergang mache ich mir keine Sorgen. Meine Hoffnung aber lässt sich gut mit dem Kehrvers unseres Liedes beschreiben: Auf, kommt herbei! Lass uns wandeln im Lichte des Herrn! In der Praxis ist diese Doppelzeile leicht von der Gemeinde zu singen, während die Strophen von Kantor oder/und Chor vorgesungen werden. So können wir ausschauen nach den Zeichen der Hoffnung, nur dann können wir festhalten am ewigen Leben, nur dann akzeptieren wir, immer nur etwas Heil, Glück und Frieden vermitteln zu können und das Heil von Gott zu erwarten. »Auf, kommt herbei! Lasst uns wandeln im Licht des Herrn!«

Die himmlische Stadt

552 Herr, mach uns stark im Mut, der dich bekennt

Text 1.-5. Str.: Anna Martina Gottschick 1972, 6. Str. Jürgen Henkys 1988 nach »For all the saints« von William Walsham How,
Melodie: Ralph Vaughan Williams 1906

Wer ist der Messias?

Jetzt will Jesus ganz konkret wissen, für wen die Jünger ihn halten. Keiner kann sich jetzt mehr hinter der breiten Meinung der Leute verstecken. Jetzt heißt es Farbe bekennen. Das folgende Bekenntnis des Petrus sagt, dass Jesus selbst der verheißene Christus ist. Er wird erst später nach Ostern begreifen, was dieses Bekenntnis bedeutet. Ein leidender Messias ist zunächst für ihn und seine Jünger undenkbar. Es heißt im Lied: »Herr, mach uns stark im Mut, der dich bekennt, dass unser Licht vor allen Menschen brennt! Lass uns dich schauen im ewigen Advent. Halleluja, Halleluja. – Tief liegt des Todes Schatten auf der Welt. Aber dein Glanz die Finsternis erhellt. Dein Lebenshauch bewegt das Totenfeld. Halleluja, Halleluja.« Kein Adventslied, sondern Hoffnung auf ein Leben für immer als ewige Ankunft zwischen Menschwerdung und Auferstehung. Die Lektorin und Dichterin Anna Maria Gottschick (*1914 in Dresden, +1995 in Kassel) verfasste den deutschen Text für das englische »For all the Saints« und erschloss die Melodie des englischen Komponisten Ralph Vaughan Williams (1872–1958) für unseren Kir-

chengesang. Ursprünglich Allerheiligenlied von W. Walshaw How 1864, rückte es ans Ende des Kirchenjahres und bekam seinen Platz in den Gesängen des Gotteslobs unter dem Stichwort »Die himmlische Stadt« zum Stichwort »Leben in der Kirche«. »Im ersten Strophenteil bewegt sich die Melodie größtenteils nach unten. Im zweiten Teil, ab Takt 9, schwingt sie sich emphatisch in großen Schritten empor – passend zum Text, der in allen Strophen im zweiten Teil eher hoffnungsfroh ist. Der Halleluja-Refrain jubiliert, indem die Melodie noch einmal neuen Schwung holt und den Ambitus um einen Sekundschritt bis hin zum d’’ erweitert.« (Evangelisches Dekanat Hochtaunus – Monatslied Dezember 2011)

Schon – noch nicht

»Welch ein Geheimnis wird an uns geschehn! Leid und Geschrei und Schmerz muss dann vergehn, wenn wir von Angesicht dich werden sehn. Halleluja, Halleluja. – Aber noch tragen wir der Erde Kleid, Uns hält gefangen Irrtum, Schuld und Leid; doch deine Treue hat uns schon befreit. Halleluja, Halleluja.« Das Versschema mit jeweils drei gleich gebauten jambischen miteinander reimenden Zeilen und dem zweifachen Halleluja stammt aus der englischen Vorlage. Der evangelische Hymnologe und Professor für Praktische Theologie in Berlin (1929–2015) Jürgen Henkys dichtete die letzte Strophe »an Gedenktagen von Glaubenszeugen«. Schon die vierte Strophe wendet sich unserem irdischen Leben aus »Irrtum, Schuld und Leid« zu mit der Hoffnung »doch deine Treue hat uns schon befreit.« So dürfen wir getrost singen: »So mach uns stark im Mut, der dich bekennt, dass unser Licht vor allen Menschen brennt. Lass uns dich schaun im ewigen Advent. Halleluja, Halleluja.- Mit allen Heiligen beten wir dich an. Sie gingen auf dem Glaubensweg voran und ruhn in dir, der unsern Sieg gewann. Halleluja, Halleluja.« Unser Motiv für alles Reden von den Heiligen ist ihr Bezug zu Jesus Christus und seiner Kirche. Wie diese Frauen und Männer sind alle Christinnen und Christen durch Glaube und Taufe in Jesus Christus Geheiligte. Der Glaube an die »Gemeinschaft der Heiligen« und an ein »Leben in der kommenden Welt« nährt unsere Liebe, füreinander da zu sein und miteinander für Gott!

Vesper in der österlichen Bußzeit

638 Nun ist sie da, die rechte Zeit

Text: nach »nunc tempus acceptabile«, spätestens zehntes Jahrhundert
Übersetzung: Marie Luise Thurmair, Stundenbuch 1978
Melodie: bei Louis Pinck 1928, Kirchenlied 1938

Die rechte Zeit

»Nun ist sie da, die rechte Zeit...« Marie Luise Thurmair-Mumelter überträgt den alten lateinischen Hymnus »Nunc tempus acceptabile« aus dem zehnten Jahrhundert: »Nun ist sie da, die rechte Zeit, die Gottes Huld uns wiederschenkt, nun ist er da, der Tag des Heils, erfüllt von Christi hellem Licht.« Gemeint ist die Fastenzeit. Sie wird Österliche Bußzeit genannt und umfasst vierzig Tage vor dem österlichen Triduum. Sie erinnern an die vierzig Jahre der Wüstenwanderung Israels ins Gelobte Land und die vierzig Tage, die Mose auf dem Berg Sinai und der Prophet Elija auf dem Weg zum Berg Horeb fasteten. Im Blick ist auch das vierzigtägige Fasten Jesu nach seiner Taufe (Matthäus 4,2 par.). Der umfassende Sinn der österlichen Bußzeit wird in unserem Hymnus aus der Vesper in der österlichen Bußzeit so beschrieben: »Jetzt soll sich unser ganzes Herz durch Fasten und Gebet erneun, und durch Entsagung werde stark, was müde ist und schwach und krank.«

Mit Geist und Leib

»Lass uns, o Herr, mit Geist und Leib, das Werk der Buße freudig tun, dass wir den Übergang bestehn zum Pascha, das kein Ende kennt.« Als

Exempel drei Hinweise, die von den im Judentum geschätzten Übungen, Almosen, Gebet und Fasten handeln. Schon im Buch Tobit hieß es: »Es ist gut, zu beten und zu fasten, barmherzig und gerecht zu sein. Lieber wenig, aber gerecht, als viel und ungerecht. Besser, barmherzig sein als Gold aufzuhäufen (Tobit 12,8)«. Aschermittwoch rückt Matthäus das Gebet in die Mitte. Im Einschub des Vaterunsers (Matthäus 6,5-13) stellt er es deutlich vor Augen als Zentrum der Bergpredigt. Gegen eine veräußerlichte Frömmigkeit setzt Jesus positive Impulse für das religiöse Leben. Wie gehen wir damit um? Am ehesten verstehen wir noch etwas vom Spenden, geübt durch die zahllosen Kollekten. Beten ist schon problematischer, es sei denn »Not lehrt beten«. Fasten wird nur noch für Aschermittwoch und Karfreitag kirchlich empfohlen. Mehr Aufmerksamkeit scheint es zu finden, wenn es von anderen als Heilfasten propagiert wird!

Durch ein neues Lied

Die letzte Strophe des Hymnus aus der Vesper in der österlichen Bußzeit lautet: »Dir, höchster Gott, Dreifaltigkeit, lobsinge alles, was da lebt. Lass uns durch deine Gnade neu, doch preisen durch ein neues Lied.« Ist das nicht eine gute Einladung für die österliche Bußzeit, ein liebes Wort, eine Melodie, die Ruhe und Frieden schenken kann? Die Dichterin Marie Luise Thurmair-Mumelter(1912 – 2005) promovierte nach dem Studium der Germanistik und Geschichte 1936 in Innsbruck, war Referentin in der Hauptstelle weibliche Jugend in Wien. 1963 berufen in die Kommission zur Zusammenstellung des Gotteslobes, dichtete sie eine große Zahl von Kirchenliedern und ist im neuen Gotteslob mit 38 Liedern vertreten. »Nun ist sie da, die rechte Zeit« ist in Jamben gefasst, wobei unbetonte und betonte Silben wechseln. Der Komponist Louis Pink, katholischer Priester in Hambach bei Saargemünd, *1873 in Lemberg/Lothringen, +1940 in Saarbrücken, sammelte Volkslieder, die er in vier Bänden »Verklingende Weisen Lothringer Volkslieder (1926 – 1939), veröffentlichte. So singen wir auch heute noch: »Lass uns durch deine Gnade neu, dich preisen durch ein neues Lied!«

Martin Patzek,

Dr. theol., Monsignore, Jahrgang 1944, Priesterweihe 1971, theologische Promotion (Caritaswissenschaft) 1989, Seelsorger in Kirchengemeinden bei der Kirche unter Soldaten und an Hochschulen 1971 – 1991, Geistlicher Begleiter der Caritas-Konferenzen Deutschlands 1986 – 2002, Caritasdirektor in Duisburg 1991 – 1998, Moderator für Leitbildprozesse ab 1991, Geistlicher Begleiter der Caritas im Bistum Essen 1998 – 2014, Dozent für Caritaswissenschaft am Diakoneninstitut Köln 2002 – 2014, Postulator Causa Theresia Albers 2010 – 2014, Seelsorger der Theresia-Albers-Stiftung Hattingen ab 2014, Pastor im besonderen Dienst in Hattingen St. Peter und Paul ab 2014, zahlreiche Veröffentlichungen besonders für Zielgruppen caritativer Diakonie.

Egon Stratmann,

geboren 1936 in Blankenstein, Handwerkslehre im elterlichen Betrieb. Weiterbildung in Maler-Abendschule und als Meister im Malerhandwerk, 1959-1961 Diplom an der Höheren Fachschule für Maler in Stuttgart bei Prof. Hans Karl Schlegel, Kunststudium in Richtung Wand- und Glasmalerei bei Prof Rudolf Yelin, Kunstakademie Stuttgart, 1965 Gründung eines Ateliers für Glasmalerei, Farbplanung, Farbgestaltung und Kunst am Bau, 1970-2000 Leiter der Meisterschule für Maler bei der Handwerkskammer Dortmund.
Hauptarbeitsgebiete: Farbgestaltung und Ausmalung von Kirchen, Glasmalerei; farbige Gestaltung von Lärmschutzwänden; starkes, künstlerisches Engagement beim Widerstand gegen die Stilllegung 1987 der Thyssen Henrichshhütte; Bergbauthemen, Anfahrten auf General Blumenthal und Auguste-Victoria; Ausstellungen mit freier Malerei oder Themenbezug.

Literatur

Adam, A., Berger, R., Pastoralliturgisches Handlexikon, Freiburg 1980
Büssing, A., Patzek, M., Gesegnet sein, zum Segen werden, Impulse, Texte und Lieder für die Praxis
Kahlefeld, H. (Hg.), Knoch, O., Die Episteln und Evangelien der Sonn- und Festtage, Frankfurt, Stuttgart 1969-1973
Messbuch, Kleinausgabe, Einsiedeln und Köln 1976
Messbuch, Sammlung von Marienmessen, Zürich und Braunschweig 1994
Lexikon für Theologie und Kirche, Freiburg 1993
Liturgisches Institut, Register zum Gotteslob, Liturgie.de
Moll, Xavier, Gotteslob Themenschlüssel, Trier 2015
Patzek, M., Leib- und Seelsorge, Frauen und Männer der Nächstenliebe, Würzburg 1990
Patzek, M., Caritas plus, Qualität hat einen Namen: Caritas, Kevelaer 2004
Patzek, M., Aus Liebe zu Gott und den Menschen, Vorbilder der Caritas, Kevelaer 2005
Patzek, M., Gott ist Caritas, Impulse zur Enzyklika über die christliche Liebe, Kevelaer 2007
Praxis, Kevelaer 2007
Patzek, M., Einander in Liebe dienen, Caritas-Predigten und Fürbitten zum Lesejahr A, Paderborn 2007
Patzek, M., Die Liebe Christi drängt uns, Caritas – Predigten und Fürbitten zum Lesejahr B, Paderborn 2008
Patzek, M., Bleibt in meiner Liebe, Caritas – Predigten und Fürbitten zum Lesejahr C, Paderborn 2009
Patzek, M., Freundinnen und Freunde Gottes, Betrachtungen, Predigten und Fürbitten zu den Gedenktagen der »Caritas«-Patrone, Paderborn 2011
Schnitzler, Th., Die Heiligen im Jahr des Herrn, ihre Feste und Gedenktage, Freiburg 1978

Weitere Angaben jeweils als Anmerkung im Text.